동서문학

12집
나무로 만든 음악

동서문학

12집
나무로 만든 음악

동서문학상 수상자모임 동서문학회

책을 내며

삶과 문학은 하나로 이어지는 것

동서문학회 제10대 회장 강미애

사람은 자신의 내부에 겹겹이 접혀진 또 다른 자기를 가지고 있습니다. 질문하는 나와, 대답하는 내가 있다는 뜻입니다. 여러 겹으로 이루어진 사람의 마음, 그럼에도 현악기처럼 조화롭게 연주를 합니다. 우리는 그 마음의 리듬을 글로 적습니다. 문학은 바로 여기에서 시작됩니다.

모든 예술이 인간의 발견, 인간의 만남을 도와주듯 문학 역시도 깊은 곳의 소통을 가능케 하며 원천적 공감을 이루어 줍니다. 작품을 읽음으로써 나 자신의 내부에 울려오는 목소리를 듣게 되니까요. 자신의 상처와 미혹과 회오를 글 속에서 찾노라면 문학은 우리의 내면을 비추는 거울이 되는 것입니다.

동서문학회 열두 번째 동인지가 세상으로 나아갑니다.

우리는 문학 안에서 살아갑니다.

삶과 문학은 하나로 이어집니다. 그래서 좋은 글의 비결은 좋은 삶을 살아가는 일, 그것밖에 없습니다. 우리는 진실한 삶과 문학을 사랑하는 동서문학인입니다.

삶의향기 동서문학상을 통해 한국 여성문학 발전에 기여하고, 우리 동서문학회를 변함없이 후원해 주시는 동서식품(주)에 감사의 마음을 전합니다.

동서문학회 회원 여러분, 수고 많이 하셨습니다.

2016년 초하에

축하드립니다

동서식품㈜ 대표이사사장 이광복

동서문학 동인지 12집 발간을 축하드립니다. 동인지 발간을 위해 깊은 애정과 노력으로 수고하신 동서문학회 여러분께 진심으로 축하의 말씀을 전하고 싶습니다.

동서식품이 1989년부터 이어온 문화후원사업인 동서문학상이 올해로 13회를 맞이하고, 1999년에 발간을 시작한 동서문학회의 동인지가 어느덧 12집이 되었습니다. 동서문학회 여러분을 비롯하여 그간 동서문학상을 통해 맺은 소중한 인연들과 그 속에 담긴 이야기들이 떠올라 마음이 따뜻해집니다.

프랑스의 대문호 플로베르(Gustave Flaubert)는 문학을 통해 "풀 한 포기의 이야기 속에 커다란 사랑을 집어넣을 수도 있다" 고 했습니다. 앞으로 회원 여러분들의 이야기로 더 많은 이들과 사랑, 그리고 삶의 향기를 나누시기를 바랍니다.

다시 한 번 동서문학 12집 발간을 축하드립니다.
감사합니다.

동서식품㈜ 대표이사 사장 이 광 복

차 례

책을 내며

축하의 글

시

수필

동시

동화

소설

편집후기

시

마음 안쪽을 닦다

박주영

손가락을 두 눈 가운데 두고 너를 바라본다
오른쪽으로 움직이며 눈을 돌리다가
왼쪽으로 빠르게 돌려 본다
내가 네가 되고 다시 내가 된다
네가 되어보니 알겠다
들키고 싶지 않은 속마음 껍질을 벗는다
지칠 줄 모르고 평행선만 달리던
아픔도 돌리고 슬픔도 돌리고
아래위로 깜박이며 함께 움직이다보니
미움도 괴로움도 한순간 날아간다
고운 눈을 가지려면 눈을 맑게 닦아야 한다고
눈을 맑게 닦다보면 생각마저 맑아진다고
사춘기 소녀들 앞에 수줍어하던 선생님
가슴에 꿈새김 되어 아직도 생생하다
살다가 세상을 향한 마음 텁텁해지거나
생채기가 날 때면 눈 운동을 한다
한 바퀴 두 바퀴 돌릴 때마다
눈을 맑게 뜨지 못해 생기는 아픔
하나 둘 가벼워진다

불통 사내

맨바닥에 쌈장 하나 놓고 낮술을 마신다 주위에는 심장에 꽂히는 비수의 말들 부러진 화살이 되어 널브러져 있다 햇살조차 들지 않는 오래된 역사 귀퉁이 무엇이 남자를 이곳까지 끌어들였는가 설 명절 귀성객으로 붐비는 맞은 편 신 역사엔 웃음꽃이 피어나고 목젖까지 차오른 아픔, 기침 소리로 요란하다 초췌한 저 사내도 플랫폼 기적에 맞춰 부둥켜안고 미소 짓고 싶은 가족이 있을 게다 굳게 닫아둔 마음 끝내 열 수 없었던가 그리워할 수조차 없는 몸뚱이 온몸으로 학대하고 있다 소외된 가슴 서로 끌어안지 못해, 자고 일어나면 나태한 등 뒤로 한 무더기 서늘한 꽃이 핀다

겨울, 목련

윤은진

자궁 속은 어둡고
안전했다
탯줄을 바쁘게 오가며
양분과 온도가 늘 유지 되었다
혈을 따라 흐르는 희망으로
성장통을 앓는 세포들
한 해를 보호막 속에서 견딘다는 건
많은 궁리 속 스스로를 키우는 일이다

꽃샘추위와 갈등을 겪는
설레는 순간을 기대 한다
칼바람에도
손끝을 찌르던
까칠한 아린이 툭 터지고
가지마다 조각난 달로 피어 날

명주잠자리

엉겨 붙은 세포들이 떨고 있다
어제는 너무 두려웠다고
모래무덤에는 잡아 끌어당기는 귀신이 있다는 것을 알기에
빠져나오는 것이 쉬운 일이 아니었음을

그곳을 빠져나온 지금
예전의 내가 아니다
어두운 모래 속에서 개미나 유인하던 귀신이 아니다
비록 그 시간을 사는 동안 주어진 삶이 그것이었고
그렇게 해야만 살 수 있는 신의 프로그램이었던 것을
당신, 알고 있지 않은가

지상의 공기는 상쾌해
젖은 날개를 가는 햇살이 간질이며
잠든 신경을 건드리네
가벼워진 날개에 흥이 나
숨 죽였던 고운 꿈이 꿈틀거려
나뭇가지 박차고
하늘로 날아오르는 비단 날개

트럭위에서

한명숙

붉은 벼슬 치켜세우고
꼭두새벽부터 동네고샅을 흔들어대던
수탉의 기상은 버린 지 오래
무더기로 잡혀가는 목숨
트럭 철조망에 목이 끼어
8월의 풍경을 쪼고 있다

벌겋게 벗겨진 목덜미에
살점 너덜거리는 줄도 모르고
피가 흐르도록 몸부림치면서도
놓지 못하는 생명줄,

예정된 죽음을 싣고
달리는 트럭의 소음,
한낮의 고속도로가 익어간다

인터넷카페

로그인만 하면
스스럼없이 드나들며
웃고, 속을 내보이다가, 화내고
목소리 높이는 광장에 갇힌다

세상 이야기 엿보며
속되고 지나친 이야기 끼리끼리 모여
편 가르기 놀이에 빠져 낄낄대며
상관없는 자를 난도질한다

눈을 뜨면 몰려와 덧칠을 하고
새로운 사냥감을 찾으며
서로를 가두는 무리 작차다*

지켜보던 시선 거두고
서둘러 빠져나와 흔적을 지운다
어쩐지 뒷목이 뻐근하다

*가득차다

오이냉국

김효정

축 처진 입맛엔
오이냉국이 제격이라며
오이를 박박 문질러 씻는다

친구네 다락방으로 올라가
쟁반 가득 담아 온
무더운 여름을 차근차근 벗겨내던 기억
도마 위에서 가늘게 채 쳐진다
작은 창으로 바라보던 세상이 전부인 양
붉게 타오르던 칸나 같은 열정
아삭아삭 씹으며
물오른 오이처럼 상큼했던 시절
새콤달콤한 냉국으로 녹아든다
퍼덕이는 극락강* 물비늘 잡아 당겨
희망으로 출렁거렸던 시간
깨알로 둥둥 떠다닌다
서늘한 강바닥에 누워서도
반짝이던 조약돌
시린 추억으로 몇 조각 띄워본다

후덥지근한 날
가슴을 훑고 내려가는
싸아한 냉기로 입맛 돋운다

*극락강 : 광주광역시 외곽을 지나는 영산강 지류

그린벨트

눈치 볼 필요 없고
서로의 경계도 없는
자유로운 공간이다

방부제를 넣지 않아도
부패하지 않은 푸르름이
자리 잡고 있는 곳
비탈진 언덕 너머 가파른 삶
낮은 울타리들이 키 재기하며
다닥다닥 붙어있는 곳
좁은 골목이
어느 놀이터 보다
어느 운동장 보다 넓었던
어린 시절의 한 때
아직 뛰쳐나오지 못한 추억들이
기억의 끈 붙잡고 공존하는 곳

그 생생한 기억들이 숨 쉬고 있는 한
유효기한은 없다

팽팽하던 마음 줄이 느슨해질 때면
언제든지 열고 들어갈 수 있게
푸른 기억으로 묶어둔다

자학

신동순

내가 싫을 땐
쓰디쓴 커피를 마셨지
독한 술을 퍼부었지
떠밀듯
밖으로 나를 내몰았지

밥을 굶겼지
시의 빛나는 문장도 주지 않았지
음악의 아름다운 선율도 주지 않았지
달리던 바퀴는 멈추고
출렁이던 커튼은 닫히고
당신과 통하던 그 길도 끊었지

불빛 없는
인적 없는 곳으로
나를 끌고 가

혼자 두었지
외로움으로 꽁꽁 묶어

암흑 같은 고립 속에
더 깊이 가두었지

자학은 통쾌하고
대가는 정직하지
어느새
내 몸 구석구석 못이 돋아
마음마다 푸른 멍자국

Clear

문을
잠글 생각은 말아요

바람이 통하는
창문을 만들어요
그 창문에 하늘을 들여놓고
별들의 이야기에 귀를 열어요

흰 눈이 펑펑
창문 가득 쏟아지면
당신 마음속엔 어느새
삽살개가 뛰어 놀지도 몰라요

당신을
검은 벽 안에 가두진 말아줘요

깜깜한 어둠 속에 갇혀
세상 밖으로 나가는 길을
영영 잃어버리는 그 순간

제발요

룰랄라 정전

이진

즐겁게 춤을 추다가 그대로 멈춰라!

정전이에요 티브이가 꺼지고 모니터도 캄캄해지고 조용해진 냉장고, 어둠 속 팽팽해지는 귓바퀴를 타고 전기밥솥 타이머가 공회전 하네요 시금치를 팽개친 더듬이손 양초를 찾고 컴퓨터 자판을 두드리던 손가락 손전등을 찾네요

촛불이 자석처럼 가족을 끌어다 앉히네요 촛불두레밥상이 되었네요 연등처럼 피어나는 웃음 밝아서 눈빛 장난기로 반짝이고 풀벌레소리 환하게 안겨오네요 고추불꽃을 사내애가 재빠른 손놀림으로 잘라대고 성냥팔이 계집애 성냥불을 켜대네요 시간의 고봉밥을 마주하자 절로 배부른 아이들 촛농으로 장난을 치네요 양초가 금세 울보가 되고요

전기가 쉽게 들어올 것 같진 않죠?

엄마가 두 손 맞잡아 그림자오리를 그리네요 아이들 토끼를 놀리고요 엄마는 토끼를 오리라 우기고 아이들은 오리를 토끼라고 우기네요 하얀 실크벽지 위로 뒤뚱 뒤뚱 깡충 깡충 마술

벽지 연못이다가도 금방 풀밭으로 변하지요 토끼들이 함부로 풀을 뜯어먹어도 마법에 걸린 풀밭은 상처 받는 법이 없지요

시간에 발목 잡힌 엄마가 낙타를 만들어 보이자 순식간에 모래바람 자욱한 실크로드가 펼쳐지네요 수척한 제 그림자를 숨긴 외봉낙타가 사막을 다 건너오기도 전에 꿈의 고봉밥 미리 퍼먹은 아이들 꿈나라에 들고요 아침이면 아이들은 소금심부름을 가게 될지도 모르죠

룰랄라 시간차 여행 중인 타임머신
정지된 밥솥은 타이머를 잊은 지 오래지요

무당거미

낡은 상가 출입문 옆, 허공을 움켜잡아 그물옷 뜬다
의자에 앉기만 하면 여덟 개가 되는 다리
세찬 바람에 등 떠밀리면 또 한 번의 번지점프로
삶의 계단을 한 칸 더 올라설 수 있을지
실타래가 빠르게 풀려나올수록 한숨도 풀어진다
땅거미 내리면 허망한 마음에 촘촘한 그물코를 놓치기도 하고
잘못 풀리기 시작한 올 건잡을 수 없지만
구멍이 구멍을 새끼 쳐서 지어내는 거미줄 같은 옷들
구멍 난 하루를 메워준다
그물코 사이로 아이들 유년이 지나가고
무당서방의 바람기도 지나간다
어쩌다 그 구멍들 사이로 밤하늘을 올려다보면
바늘투망질에 걸려든 별들 나비처럼 파닥이고 있다

불침번처럼, 잔뜩 움츠린 채 뜨는 하얀 볼레로
누군가의 어깨에 따뜻한 손목처럼 얹혀질 날개옷에
남몰래 비원(悲願)을 무늬뜨기 한다
몇 번의 곤두박질로 바늘을 꺾은 적도 있었지만
끈적이는 거미줄을 감고 치마꼬리를 놓지 않는 아이들

출입문에 덧댄 한 평 가게에서
가까스로 낙법을 익혀 거미집 가득 채운 손뜨개방
구멍 뚫린 그물을 손질하다
투명한 유리너머로 얼찐거리는 그림자를 보면
날개의 주인공을 귀신같이 점지하는
제 굿은 못해도
이젠 반 무당
아직도 구멍 난 생계를 뜨개질하고 있다

체념

이월순

불만이란 병명으로 날마다 쇠하여 갈 때
체념은 나에게 양약이었습니다
기대하고 바라기만 하던 나의 모습을
휴지통에 버리기로 체념하던 날
나에겐 참 평화가 찾아 왔습니다
기쁨과 희망만이 차고 넘칩니다
아무나 할 수 없어요

얼음판의 비명

찡찡 찌이익
앞 냇물 어는 소리
오늘밤도 혹독한 추위
머리맡에 숭늉그릇
또 솟구쳐 얼겠지

찡 찡 찌이익
저 비명소리

내 친정 토담 벽 집은
후딱 딱 딱 활활 타오르는
훈훈한 장작불 소리

곶자왈*의 이끼

정숙

가시낭길 들어서 테우리 가는 길
탐라의 신 새벽 갓 여미고 나온 듯
초록의 입김 서럽도록 곱들락허다

바람의 손길 따라
들숨날숨 헉헉대는 숨골
검붉은 통증의 반점
초록 위에 우수수 떨어져 내린다

푸석한 곶작지 틈으로
피 묻은 생의 언저리 거두어
검은 흙을 안고 엎드린 4.3의 넋

옹이진 나뭇가지마다
못 다 피운 꽃봉오리 눈꽃으로 매달고
한 줌 햇살로 비켜간 그대들이여

저토록 건초더미 속에서도
콩짜개덩굴 밀어 올리며

포탄의 상흔 깊은 나무 등걸에
새살 돋우고 있다.

*제주특유의 원시림

바람의 통증

월랑봉 서늘한 달빛을 바람이 덮쳤다
채 여미지 못한 생의 한복판이 뚝뚝 잘려나갔다

먹구름이 하늘을 가리고 동구 밖 할망당 폭낭이
우우 울음을 삼켰다
성난 파도가 활화산을 향해 돌진하는
천길 바다 밑으로 가라앉은 불타는 섬

필사적으로 고삐를 죄어보지만 애기구덕을 엎어버린
몹쓸 바람 앞에 그 누구도 맞서지 못했다

통증의 끝은 계절의 몫이다

올레돌담 저만치 낭창낭창 봄이 오는 소리
그대여, 듣고 있는가
낡은 살림더미 애기구덕에 햇살 흥건하니
목젖 아리는 봄날 되살아난다

할퀴고 간 폭낭의 밑둥, 실핏줄로 뻗은 잔가지에

잊혀 진 이름 하나하나 초록으로 매달고
유채꽃 흐드러져 어우렁더우렁 살어지리우다.

페디큐어를 하며

정영미

슬픈 짐승이 살고 있는 발톱에
페디큐어를 한다
미세한 떨림을 바늘귀에 꿰고
너와 내가 맞닿는 숨

자꾸만 깊어지는 집착의 뿌리는
하얀 동공 속 가랑잎으로 지고
너의 냄새가 촘촘히 박힌 발톱에
등 웅크려 페디큐어를 한다

저 흔들림 속에는 발정 난 뿔들이 산다

유성마저 스며들 틈 없는 하늘은
심장을 검게 물들이고
네게로 가는 이 질주는 꽃무늬 자국마다 목마르다
뿔이 뿔을 키우며 감아올리는 밤의 궤적
야생의 발은 근질거리고
깨진 유리조각처럼 어둠이 차오른다

이 밤, 나는 어느 행성의 부스러기가 될까.

봄의 만취 -청류재에서

낮술을 마신 대낮에
봄이 술렁거린다

휘청휘청 가지를 흔들며
지천으로 흥겨운 꽃잎
목청껏 뽑아 올리는 노래 한 소절에도
건아하게 취하는 청류재

때 아닌 몸살 앓던 우리는
어느 별, 어느 궤도를 돌고 있을까

빈 술잔에 떠 있는 섬 하나,

시를 읊조리는 심장에선
흔들리는 지축을 따라
산벚꽃 환하게 깊어간다.

장대비

정민아

비로소 발이 생긴 것들이
투두둑 걷기 시작한다
사방팔방 발길질이다

장/대/비/

세상만사 죄다 틀려먹었다고
빗금으로 좍좍 내려긋는다

세찬 빰 얻어맞고 나동그라진 고구마 감자
드러난 뿌리를 움켜쥐고 있다
어린 옥수수 잎들도 뭇매를 맞으며
태고 적 씨앗이 저질렀을
어둠의 시간 뒤적이느라
입술을 바르르 떤다

온 몸 부둥켜안고 안으로 적셔들던 비
조르르 흐르다가 동그라미 물결진다
함박 작약도 말없이 모가지를 드리우는* 시간

고이는 것마다 눈물
웅덩이가 깊어진다

*윤동주의 시 ‘십자가’ 중에서 인용

허수아비

언제부터인가
허수아비의 불면이 시작되었다

그의 뜰에 사는
초록 바람과 느릿한 햇살
참새를 쫓아내느라 분주했던 하루와
노곤한 잠이 있어
완전하다 믿은 이곳
아무 일도 일어나지 않는 지독한 불안이 있었다

어느 날 짓궂은 그녀의 재잘거림
'더 이상 날 볼 수 없을 거야.
얼음 속에서도 꽃이 피는
심장 뛰는 곳으로 나는 갈 테니.
허기와 허위,
그리고 죽음과도 마주 설 거야'

허물을 벗듯
새 한 마리
풍경을 찢고 날아오른 들판

잊힌 어느 해
낡은 달력 속
훠어이— 훠어이 외치는 허수아비

쫓아버린 잠을 부르고 있다
기다림을 펄럭이고 있다

황혼의 길

조선윤

우리 가는 황혼 길엔
서산머리를 물들이는 석양처럼
빛나는 용서와 관용이 함께 하는
세월이었으면 좋겠습니다

물 위에 떠 있는 외로운 조각배
삶의 길목에 동여맬 밧줄 하나 틀어
인생의 긴 그림자 뒤돌아보지 말고
이젠 비움의 시간으로

영혼의 서리꽃으로 피워
형형색색을 두른 원색의 사랑이
세월의 허리 위로 차올라
마지막이 아름다울 수 있도록
황혼을 물들이면 좋겠습니다

바람이 전하는 말

굽이굽이 험한 길 넘노라면
영혼이 지쳐 방황할 때
바람이 말을 건넨다
"어려움 뒤엔
인생의 의미를 알게 함이라고"

태풍이 지나간 자리에
상처로 골 깊은 어느 날
가슴 한 모퉁이 쓸쓸한 바람 불어
적막감으로 출렁일 때 나지막이 전해주는 말
"아픔 뒤엔 성숙해지는 것이라고"

눈물샘이 마를 날 없음은
아직도 서툰 감정 때문이라고
물같이 바람같이 세월에 순응하며
넘어져도 다시 일어나
"강하고 담대하게
제 갈 길로 가는 것이라고"

청사포

조수선

해운대 달맞이 고갯길 지나
한적한 바닷가 마을
갯내음 물씬 풍기는 작은 포구

사랑하는 연인처럼
서로 마주 바라보고 섰는
하양 빨강 등대가 어여쁜 청사포

방파제 난간에 서면
맞닿은 하늘과 바다
물감을 풀어놓은 듯
온통 푸르다

두 볼을 스치는
부드러운 바람조차 푸른 청사포
그 빛남에 취해버린
휴일 오후 한나절

카페 연가

꽃들 흐드러진 봄날엔
사랑이고 싶다
에스프레소보다 진한
카라멜 마끼아또보다 달콤한 사랑
서로가 서로에게
기쁨 되는 사랑이고 싶다

이름만 들어도
생각만으로도 미소 번지는
오랜 친구같이 편안한
그런 사랑이고 싶다
어떤 모습이든 가슴으로 품으며
그림처럼 색실처럼 엮어가는
고운 사랑이고 싶다

밖이 보이는 카페 창가
다향에 취한 찻잔 끌어안듯
살포시 보듬어 주는
그런 사랑이고 싶다

붓길

채미자

기억 너머 발자국 소리 맑고 푸른 길
허공은 화선지
붓이 간다
구름을 만나면 구름이 되고
새를 만나면 새가 된다

우리 집 마당가
춤추는 소나무
쭉쭉 뻗는 물결이 된다
집 앞 골목길에선 기다림으로 가늘어지는 길
허공이 나부낄 때면 쓰러졌다
또다시 일어나는 붓
복작복작 앞서간 발자국 딛고
步幅을 넓히며 가고 있다

함박눈이 온다

하늘이 팡!
옥수수튀밥이 떨어진다
나뭇가지에 쌓이는 옥수수튀밥
나뭇가지들이 바삭바삭 먹는다

옥수수튀밥에 파묻힌
산들 길도
입을 저만하게 벌리고
하얀눈물을 삼킨다

햇빛 입에서도 눈이 설설 녹는다
다 먹어치운 것들
허리를 쭉 편다
온천지에
질퍽한 윤기가 흐른다

수다에 대하여

홍숙영

수다는 관계에 대한 열망
여자들의 심장에 내장되어 있어도
더하고 뺄 수 있는 즐거운 양념
삼월 눈이 푸지게 왔다거나
아파트 입구에 홍매화가 피어나는 일상을
기쁨으로 공유하는 것
그러니 가끔 친근한 무리 속에
마음을 내어 깊숙이 빠져볼 것

수다는 내 속에 그들의 일상을 끄집어내
아무리 버무려도
용수철처럼 제자리로 돌아가는 것
사선으로 그어진 언어들이
쏜살같이 달려나가 아무데나 박히면
문을 벽으로 만들어버리기도 하는 것
때론 떨어져 쌓인 말들의 그늘이 버거워
나만의 밀실이 절실해 지기도 하는 것
그러니 더 헛헛해지기 전에
도마뱀 꼬리처럼 현명하게 잘라낼 것

꽃탑

힘을 다해 토해내던 향기가
통증으로 내려앉는다
퍼즐 맞추듯
모자이크 되고 있는 거기
꽃이 꽃을 추모하는 듯
하얀 국화 한 다발 놓여 있다

오르는 것에 굶주렸을까
쌓는 일이 일상이 된 사람들
꽃모종 겹겹이 쌓아올리고
건조한 눈 비비며 사라졌다

비상을 꿈꾸던 목숨들은
거미줄에 걸린 나비처럼 위태롭다
꿈이 사라진 하늘에서
허공을 딛고 자라기 시작한 꽃들이
밤낮으로 일렁거리며 슬픔을 두드린다

땅의 노래에 허기져도 잔치가 끝나도
내려오지 못하고
자학을 연기하는 페르소나의 무대가 되고 있는
꽃탑

용주골

박인숙

내비게이션에 용주골을 입력하자
낯선 꽃들의 풍문이 뜬다

어둑한 산길을 달린 바퀴가
전진부대 지나 용주골 삼거리
오래전 여기 미군부대가 있었다지
구제 옷을 걸친 듯 후줄근한 건물들 사이
한때 파도처럼 출렁거렸을 '태평양 클럽'이
객을 맞는다

길게 누운 골목
커튼으로 낡은 몸을 가린 집들
마음 떠나보낸 것들이 밤을 기다린다
환각의 불빛에 취해 하루치 광합성을 꿈꾸던 날들은
돌아선 발걸음과 함께 멀어졌는데

제 빛깔을 모른 채 피었다 진 풍문의 꽃들이
군사보호지역 안에서 아직도 유령처럼 떠도는지
늦가을 바람이 닫힌 창을 두드린다

회한으로 주름진 여자
빈 방에 홀로 주저앉아 있을 것 같아

블랙커피

네 마음의 농도를 몰라 애태우던 날들

의식을 치르듯 마주 앉았지
미안한 너의 표정과
속을 알 수 없는 커피 잔이
나란히 놓인

오래 바라본 탓일까
김 오르는 잔이 흔들렸고
너무 멀었다, 손을 뻗기에는

돌아서 혼자 걸을 때
'미운 건 오히려 나였어'
노랫말만 되뇌었지

이제 먼 풍경이 된 그날
뜨거웠던 마음도 쓰디쓴 이별도
경계가 바래어 수묵이 되었지만

그리움은 피의 온도로 기억을 데우는지
아직 식지 않았다, 그날의 커피는

간또 오뎅바의 네온이 꺼진 이유

이타린

길 건너 골목 어귀 네온이 캄캄하다
푸진 햇살 널어놓던 오색 파라솔,
흑백의 제 그림자와 건배하는 밤
'임대문의'라고 써놓은 에이포용지는
수직으로 달려드는 바람에 위태롭다

주인장 김 씨가 퇴직금으로 밝힌 조명 아래
속 풀이 냄비 바닥이 보일 때쯤
잠시 헷갈리는 것들 죄다 모아
사랑이란 이름으로 누명 씌우기 딱, 이었던 곳

숏 트랙 경기 같은 삶 속에서
구심력을 지키려 애쓰던 회벽 위
혁명의 대자보처럼 붙어 있던
'만냥짜리안주주문시쏘주한병써비쓰!'
흘려 읽은 글들이 들숨으로 날아와 박힌다

계란탕 써비쓰 줄 때만 부지런히 가다가
공짜 안주 없으니 발길 딱, 끊은.

가을의 배후는 흑백이다

내부 세차가 여유롭다는
전재울* 사거리 주유소 앞 이등변 삼각형의
플라타너스가 허물어지고 있다.

같은 곳을 향하는 일정한 기울기의 만남을
목이 빠지도록 올려다보다가
가을 리뷰를 쓴다
가을이게 쓰다가
가을이 아니도록 쓰다가
단풍처럼, 엽록소의 생산을 멈춘 듯이도 쓴다.

허공을 향해 닌히드린 용액을 분사한다.
자색을 띠고 서서히 드러나는 그대의 체취
비릿한 발림**이 산화되지 못한 기억들을 끌어내린다.

흑백으로 돌아가기 위해 거친 음을 토해내는 도시에서
울. 긋. 불. 긋. 단풍으로 잠시 머무는 일이란,
잎사귀 안에서 갖가지 색소들의 반란이 일고
그래서 뜨거운 열병을 앓아 내는 일.

이 공허한 혼돈 속에 내가 몰입하면
봉인된 추억들이 걸어 나와
그대를 만나는 유일한 통로가 될 수 있을까.

제비나비의 검푸른 날갯짓에
어느 방향으로든 더 가야만 할 것 같은.

*인천시 남동구 구월동.

**소리꾼이 소리의 극적인 전개를 돕기 위하여
몸짓과 손짓으로 나타내는 동작

飛上

한명희

그들은 일제히 날아오르기 시작했다
정든 것들이 잠시 발목을 잡았지만
쪽방 시멘트벽 길게 드리워진 현수막에
나는 법과 바람을 터득한 명단이 자랑스럽게 나붙자
힘차게 날개를 퍼덕이며 미래를 향해 모두 떠나갔다

이륙하지 못한 새들
추락의 기억을 지우며 또다시 날갯짓 한다
수십 번 쪽방 탈출을 시도하며
허공에서 타는 외줄
결코 포기할 순 없다
찢긴 깃털이 바람에 나부낀다
온몸이 긁히고 새살이 돋고 굳은살이 박히고
바람 타는 법을 알기까지 오랜 시간이 걸렸다
고공비행과 활공법을 익히며
허공을 읽어낸 수십 권의 시간이 보따리에 묶여있다
날개를 얻은 새들은 점점 둥지에서 멀어져 간다

도마 내력

단잠을 밀어올리고
고요를 깨우며 똑딱똑딱 하루를 연다
바다와 하늘도 들녘도 이곳에서
자르고 두드리고 찧는다
취향과 비율과 색감에 심혈을 기울인 수고는
대가도 없이 번번이 개수대를 빠져나간다
가슴이 파이도록 아린 시간은
수십 번 물세례로 흘려보내고
남은 것은 칼금뿐이다
한 번도 반경을 벗어나 본 적이 없는 좁은 공간
또 누군가의 주검을 받아 안는다
수없이 칼날과 마주한 시간
눅눅한 순간들을 볕에 말린다
무수히 갈망하던 일탈의 꿈도
절절한 사랑도 배려 받지 못한 날들이
모두 흔적으로 남아 있다

움파

홍성남

파밭에 이르러 얼마나 많은 햇빛에 금이 갔을까

이상하다
내 몸에 무엇이 다녀갔나
매운 계절 한번 다녀갔을 뿐인데
우듬지가 모두 잘려나가고 없다
깨진 바람에 베인 상처를 둥근모서리에 가두고
대문 옆 화분에 잘린 파가 오종종하게 서 있다
잘려나간 끝을 서글픔으로 봉인하고
너를 잠시 숨겨놓은 허공을 가늠해 보는 시간
겨우내 심장이 얼었다 녹기를 반복하며
한때, 달콤했던 무른 결이 짓무르고
얇아진 햇빛이 지나는 흰 다리가 아려온다
당신을 향한 뿌리는 두꺼운 어둠속 피안으로 들었을까
첫 꽃샘이 뿌리마저 넘보는 혹한에
바스러지는 생각을 꼭꼭 눌러 채워도
익숙한 당신의 숨결은 메말라가고
귀에 맴돌던 밀어 모두 잊은 듯이
봉인을 뚫고 다시 동총이 자라고 있다

수화

나무들의 수화를 나는 몸으로 읽는다
유리창 너머로 흔들리는 벚꽃이 소리 지를 때
성대의 울림통을 뚫고
혼신을 다해 메시지가 타전된다
함성에 나뭇가지가 기우뚱 중심을 놓치고
차가운 나무에서 보드라운 소리가 떨어진다
가지는 부러져도 나무의 말은 부러지지 않아
거친 껍질까지 환하게 부드러워진다
깊숙이 묻어둔 뿌리의 야심
하지 못했던 부드러운 말도 꺼내 놓는다
나는 가만히 속말로 대답한다
누구에게 전하고 싶어 속내가 굴러가는지
나무의 심장은 단단하게
말의 어깨를 받쳐 주었다
햇살 아래 고개를 갸웃갸웃 흔들며
달콤한 수다가 혈관을 타고 휘어진 가지 끝에서
끝으로 소문이 흘러 숲 속으로 뻗는다
나무 뒤에 응급실이 있다
다급한 소리가 유리창을 두드릴 때

나무의 수화는 그저 그뿐
더는 밖으로 나오지 못했다
침묵을 삼키고 응축한 나무 나이테
말을 종일 굶은 나무 입속에 혓바늘이 돋는다

비의 레시피

이숙희

오늘같이 비가 오는 밤에는
나뭇가지 툭 부러뜨려 빗줄기 휘휘 감아

보글보글 빗방울 진하게 우려진 국물에
후루룩 국수 말아먹었으면 좋겠다

오동통한 소나기 면발이어도 좋고
소면 같이 가는 는개 비여도 좋다

서로 붙지 않으려 적당한 간격을 유지하면서
차지고 쫄깃한 몸을 스스로 녹일 줄 아는 비

비는 계속 내리고 국수는 삶아진다
고명으로 육질이 쫀득한 은행잎 한 개 올리고

붉은 꽃단풍 섞어서 치댄 국수 먹으면
어제 본 달을 누가 훔쳐가도 모르겠다

가다가 물웅덩이를 보면 면발이 한 움큼 말아져 있는지
비가 오는 날에는 잔치 국수냄새가 세상을 잠들지 못하게 한다

나무로 만든 음악

통나무의 나이테는 나무 아래로 걸어 내려와
그루터기 동그란 악보위에 오선지를 그린다
빽빽하게 우거진 숲의 섬세한 터치를 기억해
자그르르 졸아 드는 한낮의 음향과 새들의 화음소리
잘라놓은 나무 틈새엔 강약의 바람이 들어있다
왈츠, 폴카, 마주르카 어깨가 들썩이는 나뭇잎
목공의 망치 소리가 최고의 악기라 여기는
나무의 몸에서 목관악기의 진동 소리가 났다
숲속으로 들어가 소리 없이 깊어진 음빛깔
목공은 오선지가 그려진 목판 위에
크고 작은 못으로 악보를 그린다
통나무의 집에서는 끊이지 않는 망치 소리
목공은 나무로 집을 짓고 나무로 음악을 짓고
목공이 가고 없는 빈 집에
나무는 선율을 기억해 딸을 위해 연주를 한다
귀틀집에서는 소리 없는 화음이 교향악으로 흐른다
그림자가 낮은음자리표로 서 있는 아버지 집

민들레 아이

김은미

속씨만 남은 민들레 앞에서
아이는 둥글게 입을 모아 호기심을 불어댄다

하얗게 피어난 거리
입김이 쏘아올린 첫걸음이다

허공을 밟고 날아가는
꽃씨를 쫓아 까르르 달려가는 아이

깜박 조는 사이
갑자기 사라진 아이의 웃음소리에
덜컥 가슴 조이는 한낮, 봄이 움찔한다

더 멀리 날기 위해
흔들리며 내달리는 저 어린것
가벼운 것들은 자주 중심을 잃는다

난간에 휘청거리는 바람
저들을 안전하게 내려놓을 수 있을까

초록의 땅에 정착할 때까지
봄날의 행보가 아슬아슬하다

홍화

하늘하늘한 햇살에 꽃물이 든다
붉게 젖은 머플러가 허공에 나부낀다

뜨거운 가슴을 얼마나 움켜쥐었으면
가시를 버린 눈빛이 저토록 맑을 수 있을까

나를 내려놓는 순간
품었던 응어리가 말끔히 풀려나와
한 올 한 올 꽃으로 물든 시간

스스로 깊어가는 붉은색 안에서
녹아든 통증이 묻어난다

슬픔을 어루만지다 보면
상처를 가진 꽃물은 쉽게 지워지지 않는다

아픔이 클수록 더 선명해지는 빛깔들
저 천연의 빛이 없었다면
머플러에 스민 홍화의 눈물을 아무도 알아채지 못했을 것이다

칠월을 순지르다

성영희

열대성 고기압이 아지랑이 도는 콩밭. 아무리 순을 쳐내도 쑥쑥 자라는 한낮의 더위처럼 웃자란 칠월이 콩밭을 에워싸고 있다.

칠월은 일 년 중 가장 빠른 달

잘려나간 것들은 금세 시들지만 남아있는 것들은 햇살을 묻혀 부지런히 열매를 수습한다. 키가 낮아진 고랑 꼬투리 안에서 말똥말똥 영그는 콩은 아직 철을 몰라서 철없는 눈.

나는 푸른 잎겨드랑이에서 총상화서總狀花序로 피었던 나비. 저 작은 방안에서 옹기종기 칠월을 자랐고 새까만 콩알처럼 튀쳐나갈 때만 기다렸었다. 자를수록 웃자라던 내 칠월은 엄마의 가을을 송두리째 뽑고 날아난 바람 쓰러진 계절, 꽃이 피기도 전에 도복倒伏할까 두려웠던 엄마는 아플 줄 알면서도 웃자라는 내 순을 조심스럽게 잘라주고 지지대를 세웠다.

찌는 콩밭 고랑에서 잘린 채 숨죽이는 어린 순들을 보면 꽃눈으로 깜박인 풋 시절이 아슴하다.

웃자란 순을 지르고 나니 한결 가지런해진 칠월의 텃밭처럼 매미소리 베개 삼아 더위를 순지르는 늙은 엄마의 짧은 오수가 목하, 가지런하다.

위탁

필요한 분 가져가세요.
누군가 이사하며 놓고 간 화분들
푯말하나 앞세우고
어리둥절 떨고 있다
쪼그라들고 있는 내몰린 온기
부재의 기후는 서늘하다
화분주인도 한 때는 좋은 볕 골라 택일하듯 들였으리라
오래 집을 비우지 않겠다는 싱싱한 약속도
한 집의 부재는 지킬 수 없었던
안녕,
목말랐겠다, 저것들도 목숨인데
한 컵 물에 반가운 듯 고개 드는 잎들
시들하던 오후가 팽팽하게 되살아난다.

물결의 서술법

안현숙

물결의 문체는 다양하다
물의 행간을 채우는 투명한 문장들
흐르는 문장엔 마침표가 없다
밤낮없이 글의 표정을 읽고 물속을 탐구한다
바람을 등에 업은 물결체와 둥글게 번지는 파문체
가끔 기상이변은 문체를 수정한다

폭포를 묘사할 땐 단호한 직설체
바닥까지 할퀸 폭우는 강건체로 상처를 남긴다
물살에 잘려나간 곳마다 탈자가 보이고 오자가 둥둥 떠다닌다
개울에 버들치와 별빛을 우유체로 풀어놓고
십이월이 갈피로 꽂힌 페이지에 살얼음으로 밑줄을 긋는다
내내 만연체를 고집하는 호수
벤치가 펼쳐지고 나무가 서고 카페가 열린 풍경에
건조체로 흐르는 물음표가 의자에 앉는다

물결의 행간에 띄엄띄엄 찍혀 있던 하얀 쉼표들
느닷없는 소나기에도 저 쉼은 꿈쩍하지 않는다
부호가 되기 전 물새였던 그들

풀리지 않는 나의 문장들이 쉼 속으로 빨려 들어간다
물살이 거칠어진다는 것 혹은 물살에 휩쓸린다는 것은
곳곳에 웅덩이가 있는 것을 깨닫는 일일까
향방을 알 수 없어 생은 물처럼 흐르려는 것일까
마지막 페이지에 도달하면 강은 바다로 문단을 바꾼다
물이 문을 닫아걸면 서술은 완성된다
얼음장 밑에서 봄을 기록하는 물결

수도로 흘러온 폭포가 느낌표를 떨구고 돌아간다

열쇠

잎을 떨군 가로수는 잠겨있다
겨울은 제 몸 깊숙이 열쇠를 감추고
열쇠를 찾는 사람들은 이 계절에 붐빈다

컨베이어벨트에 둘러선 동남아의 나무들
여름만 살던 가로수가 겨울을 돌고 돈다
불량을 고르고 다시 청춘을 조립하는 시간
퇴근이 찾아와도 잠은 잠겨있다
더듬더듬 읽어내는 타국의 언어는
자꾸 틀리는 비밀번호를 닮았다

낯선 곳을 두드렸을 때
나는 번번이 서툴렀고 닫힌 문은 더 굳게 입을 다물었다
벽은 길어지고 그늘도 깊어졌다
열쇠를 잃어버린 날은 골목을 배회하거나
으슥한 것들과 마주 앉았다

문을 여는 것은
누군가의 생각과 맞닿는 일일까

밤은 세상의 문을 잠그지만
겨울이 방향을 갈아 신을 때
온기는 팔을 뻗는다

빈 가지에서 봉긋, 열쇠를 꺼내는 나무들

실리콘 소녀*의 꿈

최분임

이 육체가 내 것인가요. 내 전생이 이렇게 윤기가 흘렀나요.

부드러운 붓끝이 긴 침묵을 깨웠나 봐요. 더 이상 인기척이 나지 않는 몸, 풍화된 응어리를 들추려는 건 아니에요. 서늘한 주검 옆 열여섯 어린 몸뚱어리 하나 내려놓을 때 나, 그 자리에 없었거든요. 공포가 손도끼보다 먼저 영혼을 내려쳤죠. 풀리지 않는 마음은 내 사랑이 조각났기 때문일까요.

가시처럼 일어서던 공포 살뜰히 발라먹은 뼛조각들, 항아리에 밀봉된 내 생각 열어보고 싶으세요. 화석 같은 이빨 사이 혹 남아있을지도 모를 태모시 잘근잘근 쪼개던 새벽을 들려줄 수도 있을 것 같은데. 무릎 위 꾸벅꾸벅 졸던 먼 별까지 데려올 수도 있죠. 시간이 담긴 것이라면 그 어떤 것도 가치로 환산되는 곳인가요. 지금 이곳은···.

환지통 같은 기억을 거슬러 가면 거기, 채 피지 못한 꽃봉오리 묻어버린 가야는 지금 흥성한가요. 돌개바람에 꽃을 다 쏟아버린 탱자나무, 제 가시에 찔려 피 흘리던 세월은 눈도 귀도 없는 먼 태초의 이야기인가요.

사립문에 기댄 당신의 마고자가 털썩, 떨어뜨린 달빛을 다녀오곤 했어요. 이루지 못한 인연이 건넨 금동 귀걸이 한 짝, 신혼이다가 고물거리는 아이들까지 보여 주었지요. 속죄하듯 밤마다 무덤을 파고들던 피리소리, 어느 쪽 귀에 묻어뒀는지 가물거리네요. 육탈이 접은 생의 풍경들 다 일으켜 세우고 나면 다시 상처 같은 들창 하나 낼 수 있을까요.

모두의 관심은 사라진 내 오른쪽 귀걸이에 쏠려 있군요. 징표로 주고받은 연모의 귓불에도 현미경을 들이대는군요. 그럼, 주검을 섬기기 위해 죽음 쪽으로 돌아눕던 슬픔은 발견되지 않았나요. 사금파리처럼 깨진 내 꿈은 언제쯤 발굴될까요.

*2006년 경남 창녕 송현동 고분에서 발견된 가야 여성 인골을 첨단 과학으로 복원한, 순장 소녀 송현이

수종사水鐘寺

저 강 오랜 칭얼거림에도
귀 멀지 않은 늙은 절 하나 있지

절을 빠져나간 귀가 데려오는 강물 소리
당신과 나, 어느 쪽으로도 숨기지 못한 경계가 묻어나지

일주문을 들락거리는 해우소 앞 은행나무 두 그루
세월 안쪽 누군가 몸 비우러 들어가서 돌아오지 않는지
노복老僕같은 몸, 강물의 나이테로 서성일 때
당신의 처소를 찾지 않는 내 눈물길 가지런해지지

강기슭 물결 해찰하는 보름달 등 뒤로
날짐승 고픈 배를 채우느라 대웅전 앞마당 적요를 쓸어 담는
새벽바람 시린 손가락에도 물무늬 일렁이지

내 기다림의 정체를 눈치채고도 입 꾹 다문 가부좌가
샛별을 향해 반짝, 눈을 치켜뜰 무렵
코고무신 이슬 털고 물빛 탁발 나가는 연둣빛 이파리들
오래 그리운 것들은 제 그림자를 밟고서도 빛을 찾아 나서곤

하지

꿈은 웃자란 비린내를 씻고 말리는 일이라며 풍경 소리에
아가미를 헹구러 올라오는 물고기의 슬픔을 어루만지다 보면
텅 빈 목탁소리에 똬리 튼 내 가파른 생각들
파랑波浪으로 요동치곤 하지

꽃처럼 벙글 어린것 하나 매달지 못한 내 마음의 백팔번뇌
돌계단을 치고 가는 먼 푸른 종소리

저기, 저 긴 말씀 하나 저물고 있지

수필

여행

차갑수

덕유산 정상에 닿았는데 머리가 하늘을, 구름을 이고 있는 형국이다. 세상 것이 온통 발아래 숨어 있다. 운무가 변화무쌍함을 연출하는데 찰나찰나가 참으로 신묘하다. 운해 속에 갇힌 산봉우리가 마치 힘센 남자의 근육처럼, 들쑥날쑥 내밀기를 반복한다. 구름바다가 사람의 눈을 현혹한다. 물감으로 그려낼 수 없는 신비한 그림이다. 자연은 보이는 그대로 흐를 때가 제일 천연덕스럽다. 여기에 사람이 발자국을 찍고 눈도장을 찍어주면 더욱 금상첨화다. 이런 풍광을 호흡할 때 신께로 향하는 경탄이 절로 터진다. 자연과 인간의 조화로움이 빛나는 순간이다. 와아! 뭉글뭉글 천상이 빚어낸 꽃구름이 여기저기서 너풀댄다. 구름은 하늘만이 동반하는 영원한 그루터기다.

나는 덕유산 자락에서 그렇게 한참을 빠져있었다. 가슴이 요동치고 몸이 떠돌듯이 착각을 일으키게 했다. 첨단과학이 위대하다한들 자연의 평화와 고요만 하겠는가. 하늘 문을 통과하고 나온 설렘은 가히 환상적이었다.

때마침 안내방송이 허공을 타고 귓가에 앉는다. 다섯 시 마감이라고 하산을 재촉한다. 더 머물고 싶지만 공공질서를 따라야 한다.

눈높이가 세상을 순하게 바라보라 이른다. 공기의 저항으로 밀려오는 바람을 맞으며 산 동무 된 기분이 좋았다. 나도 순한 사람이었구나. 산신령의 계시를 받아 내려오는 감흥이 유별하였다. 감성의 오르가즘이라고나 할까. 부르르 진저리가 났다. 산은 하산하기 위해 오른다. 산꼭대기에 서보면 간혹 오늘처럼 신선의 경지를 만날 때가 횡재다. 다른 이도 나처럼 원초적 본능적 마음을 담아 내려갈까. 한 발 한 발 걸음을 내리며 속세의 것들이 씻어졌을 법하다. 산길과 동행하는 내내 순해진 나에게 감사했다.

세속은 사는 것 자체가 힘든 곳이다. 오늘처럼 자연과 동화되면 한동안은 숨 쉬는 게 가뿐하다. 지나간 시간에 매달리지 않을 것을 그리고 오지 않은 미래를 원하지도 말 것을, 이런 맘으로 조심조심 걷는다.

혹여 아직도 가슴의 때와 같은 분노나 미움, 분수보다 더 큰 욕심이나 원망 같은 가려움이 있거든, 더 이상 긁지 말고 덧내지 말자고, 두 번 세 번 다짐한다. 삶이 한창 신명나던 젊어 한 때에는 타인으로부터 산을 닮았단 농담을 듣기도 했었는데…

산은, 갈 때 마다 산처럼 살라는 어떤 정법을 시사해 주곤 한다.

나는 노년이다. 일의 선상에서 밀려 세월이 조금 허망하더라도, 빛나던 시절의 기쁨으로 가득하다. 여행은 영혼이 자유의 날개를 달았다는 뜻이다. 여생이 금빛물결을 탔음을 의미한다. 힘들고 끝이 안 보이던 지나온 시간. 그 기억들에게 탄복하게 하는 시간이다.

제 각각 날아간 심장 같은 피붙이들. 옹기종기 모여 내가 주는 모이를 받아먹을 때가 얼마나 좋았던가를 돌아보게 한다. 여행을 떠나보면 새삼, 생존의 현장을 누비던 그때가, 덜컥 겁나던 울타리 밖 세상이 맴돌아서 온다. 연습 없는 생활을 끌어 올리려 얼마나 버둥댔던가. 사회가 요구하는 인생자격증이 무엇일까를 고민하던 때가 있었다. 능동적이지 못했으나, 인생파도의 높낮이를 헤쳐서 나 지금 여기에 섰다.

나는 여행을 통해 자신을 들여다보는 습성이 몸에 배었다. 바깥공기를 통해 일상과 적당한 거리 유지에 필요한 통로를 찾아내곤 한다. 시고 달고 쓰고 짜던 그 삶의 맛을, 자연과 인간의 미묘한 교감이 닿는다. 질곡의 다리를 건너온 안도와 감격을 음미하며 웃음 짓는다. 어머니였기에 가능했던 결과에 만세를 부른다. 칠십 첫 고개를 만나 앞길이 아득할 것 같아 안절부절 하던 내가 얼마나 어리석었던가. 노후 시간표도 근사하게 살아내 보자. 늙으나 젊으나 인생의 역사를 쓰는 데는 오직 내가 주인공임을 깊이 새기자.

현실에서 훨훨 세상바다를 누비고 있는 자식들, 그네들 덕분에 노년의 여정도 역동적으로 날개를 펼칠 수 있겠다 싶다. 나이를 까먹으며 하나씩 버킷리스트를 지워가자. 젊고 늙음에 눈높이를 가르지 않는 현대판 시니어로 살자. 여태껏 살아온 것처럼 소신껏 숨 쉬면 만사형통 아니겠는가.

무엇에도 차별을 두지 않고 슬기롭게 인생의 여행을 뚜벅뚜벅...

구두에게 주는 꽃

이영옥

나는 아버지를 닮아 발이 크다. 농사를 지으셨던 아버지는 큰 발로 억척스럽게 일하는데 도움이 되었을 것이다. 하지만 나에겐 늘 감추고 싶고 때론 원망의 대상이 되었던 것이 큰 발이기도 했다.

오래전 일이다. 30년도 넘은 여고 1학년 때 일이니까. 나는 부모님을 떠나 객지에서 학교를 다녔다. 그날은 토요일이라 오랜만에 집으로 가기 위해 기차를 탔다. 남학생은 남학생끼리 여학생은 여학생끼리 군데군데 무리지어 자리를 잡고 앉았다. 학교는 달라도 모두가 교복 차림이었다. 교복도 여고생이 되니 허리라인이 들어가 더 예뻐 보였다. 하얀 블라우스와 남색 치마. 여기에 검정 구두는 깔끔하고 단정했다.

우리는 창밖의 풍경을 바라보며 이야기를 나누다 간간히 깔깔대며 웃었고 저편 남학생들은 무엇을 하든지 관심도 없었다. 네 명이 마주보고 앉은 좌석에서 나는 우연히 통로 쪽에 앉게 되어 대각선으로 남학생들이 보였다. 그들이 왠지 자꾸만 나를 바라본다는 느낌이 들었다. 기분이 나쁘진 않았다. 설레기도 했다.

그때 한 녀석이 자리에서 일어나 내게로 왔다. 무릎을 탁 꺾어 앉더니 순식간에 내 구두 한 짝을 벗겨갔다. 그런 황당함은 태어나서 처음이었다. 얼굴이 붉어지고 당장이라도 눈물이 날 것 같았다. 같이 앉은 친구들도 웃기만 할 뿐 그 누구도 남학생들 앞에 나서지 못했다. 남학생들은 낄낄거리며 무엇에 쓰는 물건인고? 하듯 돌려가며 구두를 신어 보는 게 아닌가. 그런데 하필 덩치 큰 녀석이 "애들아! 내 발에도 딱 맞아" 놀란 듯 입까지 벌리며 크게 소리쳤다. 모든 시선이 나를 향했다. 순간 그 자리에서 사라지고 싶었다. 한쪽 발에 남겨진 구두가 갑자기 더 커보였다. 내 큰 발을 잘라내고 싶었다. 잠시 뒤에 구두는 돌아왔지만 정말 다시는 신고 싶지 않았다. 신고 있던 한쪽마저 버리고 싶었다. 구두 없는 세상에서 살고 싶었다. 시간이 흐르며 모멸감은 옅어졌지만 예쁜 구두에 대한 로망은 변함이 없었다.

진열장에 예쁘게 진열된 구두를 신으면 거짓말처럼 백마 탄 왕자님은 아니어도 근사한 남자가 손을 내밀 것 같은 상상이 되기도 했었다. 그렇지만 그 조그맣고 화려한 구두를 내 큰 발에 신어 볼 수 없듯이 삶 또한 신데렐라와는 거리가 멀었다. 걷고 또 걸으며 일을 해야 했고 맞지 않는 구두를 신고 아파하며 절뚝거리기도 했다. 시간이 흐르면서 이제는 예쁜 구두보다 편안함이 좋아지며 미련을 내려놓았다.

구두는 주인과 닮아 있다. 울퉁불퉁 살아온 흔적이 보이는 구두는 겸손하다. 궂은일을 마다하지 않은 가장의 구두일 것이다. 굽이 닳아 한쪽으로 기울고 멋이 아닌 안전을 위한 신발이다. 나보다 등 뒤에 있는 가족을 더 생각하는 사람의 구두이다. 늦은 밤 현관에 놓여야만 하루가 정리되는 구두이다.

구두는 주인의 인격을 가리지 않는다. 주인의 선택에 좋다 싫다 따지지도 않는다. 부부의 연을 맺은 것처럼 수명이 다 할 때까지 함께 한다. 간혹 주인은 새 구두에 마음을 빼앗겨 모른 척하기도 하지만 한번 나와 발을 맞추면 절대 변심하지 않는다. 함께 길을 걸으며 주인을 보호한다. 주인의 발바닥 아래서 체중을 온몸으로 받치고 수없이 차이고 짓밟히며 견뎌낸다. 가끔은 오물을 뒤집어쓰기도 하고 개똥을 밟기도 한다. 이렇듯 세상의 모든 구두는 주인과 한몸이다.

내 구두를 바라본다. 긴 시간 함께하면 닮아가는 부부처럼 구두도 내 발모양을 닮아 있다. 발 냄새와 땀내를 견뎌낸 시간일 것이다. 걷고 달리며 바쁘게 살아가는 주인처럼 구두는 차이고 부딪쳐 수많은 상처가 곳곳에 고스란히 보인다. 우직한 사내처럼 숨기지도 못한다. 나는 그 정직함이 고맙다.

그러나 나도 여자다. 예쁜 구두에 연연하지 않는다 해도 왜, 나라고 예쁜 구두를 신고 싶지 않겠는가. 다행히 시대가 변하면서 발이 큰 아가씨들이 많아지고 예쁜 디자인도, 사이즈도 다양해졌지만 여전히 나에게 예쁜 구두는 그림의 떡이다.

나는 주로 플랫슈즈를 신는다. 구두코 부분에 커다란 장식이 달린 것을 선호한다. 크고 못난 발을 감추는 효과도 있지만 사실은 수고하는 구두에게 내가 주는 꽃이다. 내가 나에게 주는 선물이다.

수국이 놓여있는 뜨락

김새봄

스산한 날씨 탓에 산으로 내달릴 생각을 잊고 뜬금없이 폰에 저장된 사진첩을 정리하다 '두모악'에서 찍은 수국을 들여다보고 있다.

뜨겁던 여름, 그의 갤러리를 찾았다. 집 주인인 사진가는 루게릭병을 앓으면서도 희망처럼 뜨락을 가꾸었다. 불현듯 제주도에 가보고 싶다는 생각이 든 건 그의 혼이 깃든 '두모악' 때문이다.

마침 수국 전이 열리고 있어 꽃들의 향연이 한창이다. 한껏 사람들의 사랑을 받고 있다. 폐교였던 곳곳은 그의 사진을 사랑하는 사람들의 손길로 새롭게 태어나는 중이었다. '그 섬에 내가 있었네' 자서전에서처럼 그곳에 그는 가고 없어도 '나, 잘 있어요.'라고 작가의 혼이 깃든 사진이 대신 말하고 있다. 그의 열정을 읽고 난 때문인지 자그마한 뜨락은 따스하고 아늑했다.

수국이 놓여있는 뜨락을 거닌다. 자주 오르는 동네 높은 뒷산의 조붓한 산길 가에 수줍게 피어난 블루와 분홍색 수국과 대비를 이룬다. 초여름 날씨인 제주도와 달리 백운산 산골짝 수국은 지대가 높은 탓에 칠월이 되어야 핀다. 야생수국으로 두 종류만 봐왔던지라 우선 내가 알고 있는 수국이 맞나 싶을 정도로 같은 모습이면서도 느낌은 사뭇 다르다.

첫 번째 제주도 여행은 너무 짧은 일정이라 '두모악'을 들르지 못해 아쉬움이 컸다. 바닷가 해안을 따라 도는 데 하루 일정을 거의 차지했다. 그때 해안을 따라 걷다가 눈앞에 무리지어 피어있는, 유월의 미풍에 아름다움을 뽐내는 주먹크기 만한 꽃송이가 내 발걸음을 멈추게 했다. 동네 고즈넉한 산길을 걷다 무리지어 활짝 핀 수국은 내게 은밀한 기쁨을 주었다면 제주 해안가를 걷다 만난 수국은 그야말로 환희 절정이었다. 그 덕에 짧은 제주 여행이 더 흥겨울 수 있었다. 여행에서 돌아온 어느 날, 그 꽃의 모양을 닮은 소담한 것을 화원에서 만났을 때는 내 마음이 다 설레었다. 한때 애송했던 워즈 워드의 시 '수선화'의 마지막 구절이 수국을 만난 내 맘을 대신한다고나 할까.

하염없이 혹은 수심에 잠겨 자리에 누워 있으면
수선화는 내 마음 속 눈 속에서 반짝이는 고독의 축복.
내 가슴 기쁨에 넘쳐 수선화와 춤을 춘다.

제주 방문에서 반하게 된 얼굴, 수국은 산길에서 제주로 나의 마당에게로 그렇게 왔다.

수국화분이 늘어선 끝 저만치 사진기를 걸고 있는 돌하르방 옆에 앉아 여유자적 뜨락을 거니는 사람들을 바라본다. 오가는 여자들 틈에 한 여자가 있다. 수국을 무척이나 좋아하는 여자이다. 블로그를 열면서 시인의 꿈을 이룬 그녀는 가난했어도 시를 노래할 줄 알아서 행복해 보였다. 예쁘게 단장하고 산다는 소문을 듣고 살포시 그녀의 집 대문 앞에 당도했을 때 순한 웃음의 그녀를 직접 대면한 듯 반가웠다. 대문 이름도 '수국꽃 여자'였다.

외기러기가 되어 어찌 사는 지 궁금하면 나는 투명 인간이 되어 화면 속 그녀의 집 대문을 살며시 들여다보곤 했다. 사진 찍기와 시 쓰기를 좋아하는 그녀는, 블로그 대문을 잉크 빛 수국으로 장식해 놓았다. 여름이면, 재개발 지구의 언덕배기 집 그녀의 좁은 뜨락은 활짝 핀 수국으로 넘쳐나 꽃 보는 재미로 하루를 나는 듯 했다. 그저 사람 사는 모습이 푸근하게 그려지는 시를 곧잘 썼는데 애잔하면서도 해학이 풍기는 그의 시가 좋았다.

뻐드렁니를 한, 마음 좋아 보이는 수수한 생김의 그녀는 평범한 아낙이다. 그런 그녀에게서 사진과 시에 대한 열정을 읽노라면 내 가슴 밑바닥에 잠자고 있던 꿈들이 아지랑이처럼 피어오르곤 했다. 몇 해 전, 오늘같이 스산한 어느 가을 날 무엇이 급했나, 하늘로 돌아간 수국을 좋아했던 그녀.

처음 '두모악' 주인의 생을 접한 건, 지인이 운영하는 북카페 에서였다. 한 잔의 차를 기다리며 낯익은 이름의 책을 빼어 들었다. 앞에 놓여 진 차가 다 식어가는 줄도 모르고 그의 바람 같은 열정을 읽어내는데 자꾸 눈물이 났다. 지인 역시 사진작가라 그날 우리는 '두모악' 주인에 대하여 오래도록 이야기를 나누었다. 삶을 너무 사랑한 탓에 짧은 생이 흘러가는 동안 자신을 돌보지 않았던 안타까움이 스쳤다. 그래서였다. 그가 머물던 제주를 다녀오고 싶어 몸부림이 났던 것은. 목적은 그곳에 먼저 가 닿는 것이었는데 일행과 함께이고 보니 번번이 아쉬움만 안고 돌아와야 했다.

사진가였던 고독한 한 남자와 무명시인이었던 한 여자의 일생을 추억하는 오후나절이다. 제주 바다가 아름다운 건 하늘로 올라간 그리운 영혼들의 푸른 꿈이 비가 되어 바다를 물들였기 때문인지 모른다.

수국이 놓여있던 뜨락의 '두모악' 그 섬에 가 닿고 싶다.

외딴방에서의 화해

박상분

지난 가을, 아들이 유학을 떠나자 방 하나가 생겼다. 넓지는 않지만 현관에 딸려 있어 다른 방이나 거실에서 약간 외져 있다. 안방보다 해가 몇 뼘은 더디 지는 쪽이라 난방비도 절감할 겸 올 겨울을 이 작은 방에서 나기로 했다. 침실로만 이용하는 안방 대용으로 쓸 참이었는데 옷가지랑 소품들까지 따라와 어느새 이 좁은 방이 생활공간이 되고 있다. 그러다 보니 거실을 설렁한 채로 비워둘 때가 많다.

올 겨울 사상유례 없는 혹한을 따뜻하게 나고 있기도 하지만 집에서 가장 작은 방 하나가 이렇게 아늑한 공간이 될 줄은 몰랐다. 컴퓨터가 놓인 책상 위에 몇 권의 책을 옮겨 꽂고 작은 라디오를 갖춰 놓았을 뿐인데…. 저녁 해가 이울 때까지 햇살이 머물고 음악도 라디오에서는 잔잔한 선율로 흐른다. 거실에 버티고 선 오디오에서 덩치만큼이나 큰 울림으로 퍼져나가는 소리와는 사뭇 다르다.

눈길 닿는 데마다 널려 있는 일거리로, 몸이 아닌 정신까지도 주부의 일상에서 놓여나기가 쉽지 않은 공간이 거실이다. 그런 소소한 일감으로부터의 탈출이 방문 하나만 닫아버리면 된다. 나는 틈만 나면 이 방으로 숨어든다. '느긋해진다'는 낱말의 의미를 몸과 마음이 알아챈 모양이다.

시간을 느슨하게 부리다보니 책상 위에 줄지어 선 책들이 활자로 보이기 시작했다. 독서 시간이 조금씩 늘어나고 전철 속에서나 찔끔찔끔 읽다 덮어둔 수필집들을 찬찬히 훑어보는 시간도 많아졌다. 가까운 지인들로부터 받았는데 독자를 잘못 만나 한동안 외면당하고 있었던 것들이다. 의식적으로 등을 돌린 그 작품들에 바싹 다가앉게 되니 새삼 구미가 당긴다. 예전엔 발견하지 못했던 맛이다.

글 마당에 발 들여놓은 지가 언제였던가. 문학은 내게 완강하게 버티고 선 산이었다. 내가 기웃거릴 세상이 아니었다. 모래알처럼 잘고 아름다운 감동의 물고기들을, 성긴 내 언어의 그물로 잡아 올리기에는 언제나 무리였다. 알량한 테크닉이나 묘사력으로 그의 세계를 넘보기는 가당찮다는 생각이 자꾸만 나를 뒷걸음질 치게 했다. 하여 오랫동안 탐색전만 벌이다 그만 어설픈 그물을 놓아버리기로 했다.

격이 있는 작품은 오르지 못할 나무이고 내 작품과 비견한 고만고만한 신변잡기들은 마음에 닿지 않고…. 그런 안고수비眼高手卑의 자세로 자신을 합리화시키는 사이 글쓰기는 물론 읽는 일까지 심드렁해졌다. 돌아보니 인생의 페달을 빨리 돌리고 싶던 시절과 맞물려 있었는지도 모르겠다. 이제 세상의 속도전에 거부감을 느낄 때도 됐고 세상이 매겨놓은 값에 매달리지 않을 나이도 된 듯하다.

한 작가 선생님이 내게 글쓰기에 재능이 있다는 말을 하신 적이 있다. 못들을 말이라도 들은 듯 당황스러워 문학에 정신을 쏟을 만한 자질이 못되는 것 같아 매달리지 않기로 했다며 얼버

무려 버렸다.

"노벨문학상이 목표라면 할 수 없지"

선생님의 일갈에 좌중이 폭소를 터뜨렸다. 자신도 '000 전집'을 포기하자 어렵던 글이 술술 풀려나가더라는 말을 덧붙이셨다. 열등감이 곧 우월감의 뒷면이라는 양면성을 그땐 어렴풋하게나마 깨닫질 못했다.

나는 요즘 놔버린 줄이 다시 팽팽해지는 걸 느낀다. 우리 사이가 언제 서름했던가, 내가 글을 당기는지 글이 나를 잡아끄는지 허리가 뻐근해질 때가 있다. 나의 냄비 근성을 모르지는 않지만 순간이라도 즐거우니 다행 아닌가. 외면이 넓으면 내면이 좁아지고 외면이 좁으면 내면이 넓어진다더니 시간조차 느긋이 흐르는 이 방의 분위기 때문인가.

내가 자란 시골집에도 외딴방이 있었다. 사립문에 붙은 머슴방보다 좁았지만 바람이 설렁설렁 드나드는 쪽문으로 햇볕이 환하게 스며드는 방이었다. 방주인이 아니고는 손대기조차 어려운 라디오도 앉은뱅이책상도 있었다. 형제들이 밤을 밝혀 공부를 하던 방이어서 큰오빠가 일으켜 세운 책상다리가 삐걱거리며 신음소리를 내곤 했다. 하여 그 보잘것없는 방이 두 형제를 나란히 공무원으로 탄생시켰다.

나는 온종일 가요가 흘러나오는 그 방을 쳐다보며 목을 빼고 있었지만 언니는 좀체 내놓질 않았다. 가끔 서울 이모네를 들락거릴 때마다 언니에게 좋은 취직자리가 생기기를 얼마나 바랐는지. 그때마다 몇 날씩 묵었던 그 방은 출렁거리는 내 사춘기 바람을 포근하게 잠재워줬다. 됫박만한 공간에서 손재주 좋은 언니는 마디마디 이은 털실로 뜨개질을 했다. 대바늘이 큼직한 기계로 바뀌고, 바지런히 만들어낸 무지갯빛 스웨터며 속바지로 온 동네사람들이 따뜻한 겨울을 났다.

그렇게 형제들에게 생산적인 공간이 되는 동안 나의 외딴방 차지는 요원해지고 말았다. 어쩌면 그 간절했던 바람이 몇 십 년의 세월을 관통해서 이제야 이뤄졌는지 모르겠다.

조붓한 이곳에서 소한을 보내고 입춘을 맞이했다. 타고난 재능을 탓하며 '너는 안 돼'라고 손사래를 치며 웅크렸던 지난날의 나와, 이쯤에서 화해를 해야겠다. 오랜 방황 끝, 다시 문학과의 해후의 장이 되어준 이 방에 머잖아 봄 햇살이 환히 비칠 것이다.

예술을 전공한 아들이 각고의 노력 끝에 좋은 성과를 거두어 미국 유학길에 올랐다. 어린 시절 내내 성적이 지지부진했던 대기만성형인 녀석을, 떡잎부터 달라야 한다는 초조함으로 숱하게 닦달했던 엄마였다. 아들이 떠난 방에서 그 엄마가 늦은 꿈을 꾸고 있다. 삶의 무대엔 마지막 순간까지 조명이 꺼지지 않을 터이니 그 무대를 비워두지 않을 것이라며.

병풍 할아버지

장보민

앞집과 문을 마주보는 아파트에 살고 있다. 주택과 달리 유일한 이웃이라 각별히 생각한다. 위아래로 다른 집들이 있긴 하지만 프리랜서로 활동하다 보니 그 이웃들과는 접촉하기가 어렵다. 사실 앞집이라고 해도 서로 오고 가기보다는 엘리베이터를 타고 내리는 빈도수가 많아서 밖에서 인사하는 게 일상이다. 그나마 예전에는 또래 주부가 살았기에 가끔 차를 마시곤 했지만 퇴직한 어르신 부부가 이사 온 뒤로 쉽지 않다.

비록 자주 왕래하지는 않았지만 어르신들이라 명절이면 간소한 선물로 인사를 했다. 처음엔, 별 말 없이 지내던 무심한 앞집의 호의라고 생각했었는지 어색해했지만 이내 반색하며 무척 고맙게 받아주셨다. 이후 늘 바삐 움직이는 내게 간혹 김치도 한 통씩 담가 주고 여러 가지 반찬을 나눠주시며 쉬엄쉬엄 몸을 챙겨가며 일하라는 따듯한 당부의 말씀도 건네주셨다.

두 분이 함께 사셨는데 할아버지는 예전에 의료원에서 높은 직책에 있다가 퇴직하신 분이었다. 외모도 멋지시고 건장한 체격으로 성격마저 진중해 보였다. 반면에 할머니는 할아버지와 달리 활발하셔서 외부 사람들과의 관계가 원만해보였다. 노후에 전원생활을 꿈꾸는 사람들도 있지만 아파트에서 새롭게 시작하는 두 분이라 건강하게 지내시기를 바랐다.

가끔 뵐 때마다 두 분이 주로 하시는 일은 집안일이었다. 할머니가 김치를 담그는 날이면 마트에서 배달해온 야채를 문을 열어둔 채 함께 다듬었다. 큰 체격의 할아버지는 말없이 곁에서 도왔고, 아담한 체격의 할머니는 혼잣말처럼 조곤조곤 이야기하며 고요함을 떨쳐내곤 하셨다. 할아버지의 표정으로 봐서는 그다지 달가워하지 않는 듯했다. 어쩌다 듣던 이야기도 늘 함께하면서 지내다 보니 그랬을까? 그래도 나는 두 분의 모습이 정겨워보였다. 딱히 다른 운동은 하지 않았지만 간간이 아파트 단지를 도는 모습을 볼 수 있었다.

그런데 언제부터인가 앞집에 볼일이 있어 문을 두드리면 모든 걸 할머니가 앞장서 말씀하셨고 할아버지는 마치 병풍처럼 가만히 서 계셨다. 어떤 의견도 말하지 않으셨고, 혼자서는 아무것도 할 수 없는 모습으로 눈빛조차 힘이 없었다. 처음에는 할아버지가 원래 말이 없으신 분인가 했는데 점차 다른 생각이 들기 시작했다.

직업이 있을 때의 넘치는 에너지가 퇴직 후 할 일이 없다 보니 침체된 것일까. 단조로운 생활에서 바깥일들과 단절하며 어떤 소리조차 내기 싫을 만큼 무기력해진 걸까. 혹시 우울증이 온 건 아닌지, 그렇다고 여쭤보기도 조심스러워 선불리 말도 못 붙이고 그저 더 밝게 웃으며 인사를 드렸다.

얼마 후엔 막내 아들네가 아이들을 데리고 들어와 살고 있었다. 무슨 일일까 궁금했지만 남의 가정사라 묻기 어려웠다. 어느 날은 위층에 사는 이웃이 혹시 앞집 할아버지가 편찮으시냐고 물었다. 의아해 하니, 요즘 그 집에 요양병원차가 자주 오가는데 할머니가 할아버지를 기다리다 집에 들어가신다고 전했다. 그러고 보니 근래 얼큰하게 취한 모습으로 엘리베이터에서 어두운 표정을 짓던 앞집 아들의 모습이 떠올랐다.

경비 아저씨 말에 의하면 할아버지가 편찮으신 지 꽤 오래되었으며 치매 진단을 받아 요양원에 매일 다니신다는 것이었다. 혹시나 우려했던 소식을 듣고 보니 놀라움과 함께 안타까움이 밀려왔다. 직장에서 자신의 능력을 인정받으며 지내시던 분이 일을 놓고 나서 찾아 온 자존감 상실이 몸과 마음을 쇠약하게 만든 요인이 아니었을까 싶었다.

그런데 얼마 안 되어 안타까운 소식을 또 접했다. 할아버지가 돌아가셨다는 것이다. 치매로 인해 육신의 움직임이 온전치 않다 보니 교통사고까지 당하셨다고 했다. 조용히 장례식을 치른 뒤 할머니의 오열과 함께 그제야 들은 비보는 황망했다.

자신의 생각조차 표현하지 못하고 병풍처럼 서서 나를 바라보던 할아버지의 눈빛. 손 내밀어 한 번이라도 보살펴드리지 못한 미안함에 앞집을 지나는 발걸음이 한동안 무거웠다.

새를 날리는 꿈

강미애

새를 날려 보냈다.

볕이 잘 드는 마루 한 끝에 걸린 새장 문을 열었다. 두 마리의 작은 새는 잠시 머뭇거렸다. 그 중의 한 마리가 용기를 내어 열린 문 쪽으로 다가오더니 후드득 날아갔다. 그리고 계속해서 큰 새, 작은 새가 잇달아 날아갔다. 새장 문은 열려 있었고, 어디서 왔는지 새떼가 그 문으로 끝없이 날아가는 걸 보고 있었다.

꿈이었다.

눈을 뜨자, 나는 여전히 방안에 누워 있었다. 어제의 나의 집이었으며 눈에 익은 책과 함께였다. 끝내 날아가지 못한 것이다. 계절이 깊어지면서 새장의 문을 열어주는 꿈을 다시 꾼다. 날아갈 수 없는 자신에게 절망했던 스무 살의 기억처럼.

타성적인 삶에 대한 어설픈 도전, 우리는 얼마나 많은 생의 변화를 시도하며 살고 있는 걸까. 그러다 날개가 부러지고 상처 입은 새가 되어 문이 닫힌 새장 안에서 절망하고 있는 것은 아닌지. 그래서 새로운 변화에 대한 도전은 어떤 무모함에서 오는 후회와 좌절을 감내할 각오 없이는 한걸음도 내딛을 수 없다.

오늘도 바쁘다는 의식 속에 사로잡혀 지낸다. 일한 것의 질량을 돌아보면 우습도록 보잘것 없는데도 분주함에 이 구석 저 구석으로 나를 밀어붙인다. 가슴 속은 더 바쁘다. 일렁이는 물이랑이

기슭으로 밀려와 쉼 없이 부서진다. 공중으로 치솟았다가 해안에 드러눕는 마음의 물결들.

감정의 반전反轉이 잦다. 하루는 돌을 산 위까지 끌어 올리고 다음 날은 산에서 굴려 내린다. 또다시 산위로 돌을 밀어 올리고 내리 굴린다. 긴 밤을 뜬 눈으로 보낸다. 불면의 밤이 며칠 째 이어지고 있다. 무엇에 대한 불안인지 도무지 정체를 알 수가 없다.

결심한 일을 선명히 정리하고, 끝을 내려하지만 아무 일도 못하고 있다. 일어날 수가 없다. 흠씬 땀에 젖어 물 밑으로 가라앉은 기분이다. 누워 있어도 어지럽다. 말로 표현할 수 없는 피로다. 신열과 갈증이 범벅이다.

오래 전에 보았던 영화 〈뻐꾸기 둥지 위로 날아간 새〉. 정신병원을 탈출하는 엔딩씬이 떠오른다. 동트는 여명을 향해 커다란 발걸음으로 달려가는 그. 검고 건장한 체구로, 병원의 출입문을 반쯤 막아서던 듣지도 말하지도 못하는 거인이다. 백치인 줄 알았던 그는 사실상 모든 사람을 능가하는 지혜와 용기를 숨기고 있었다. 누구보다 강하고 단단한 날개로 꼭 필요한 때에 날아가기 위하여….

어느 날 새벽, 그는 날아올랐다. 그 견고한 돌집의 정문을 한 번에 부수고 창공으로 날아오른 것이다. 그는 새가 되었다. 원할 때 날 수 있는 완벽한 새가 된 것이다.

나는 스스로에게 묻는다.

소망하는 꿈을 이루기 위해서 오늘 어떠한 노력을 했는지.

꿈꾸는 삶은 아름답다고 하지만 사실 어렵고 힘든 일이다. 더

군다나 꿈을 품고 평생을 산다는 것은 더욱 그렇다. 꿈이란 곧 뜻이다. 뜻은 의미를 찾아가는 것을 말한다. 그래서 본질적으로 꿈은 완료형이 아니라 진행형이다.

내게 있어 꿈은 '무엇이 되느냐'의 문제가 아니라 '어떻게 사느냐'였다. 문득 죽는 날까지 끊임없이 반복될, 판에 박힌 일상에 내 인생을 낭비하고 있는 것은 아닌지 생각한다. 미지의 것은 현재의 안정을 넘어 열정과 자극을 주고, 내가 살아 있다는 느낌을 받는다. 무감각과 허무감보다는 살아 숨 쉬고 있다는 것을 증명하고 싶은지도 모르겠다. 단단히 땅을 밟고 서 있으면서도 자유롭게 창공을 날고 싶은 욕구를 동시에 품고 있으니.

우리 모두는 날아가고 싶은지도 모른다.

또 다른 비지엠처럼

노기화

가끔 혼자 영화관에 간다.

몰입해서 보고 싶은 영화가 있을 때는 호젓하게 혼자가 좋다. 커피도 팝콘도 필요 없다. 마음 맞는 친구와 함께 가는 것도 좋지만 혼자일 때면 어떤 생각이 집고 들어올 틈도 없이 스크린 속으로 온전히 빠져들 수 있어 좋다. 영화 속에 흐르는 배경음악이 좋을수록 스토리에 더 집중이 된다.

그날도 하루 일상을 마치고 늦은 시간에 영화관에 들어섰다. 꼭 보고 싶어서 예매해둔 영화였다. 밤늦은 시간이어서 일까? 광고 시간이 지났는데도 나 혼자였다. 어쩌다 영화관의 모든 시스템을 혼자 독점한 관객이 되어버렸다. 나 한 사람을 위해 영사기가 돌아가고 있다니, 미안했다. 하지만 <비포선라이즈> 이 영화를 보려고 기다린 며칠간의 설렘을 포기할 수는 없었다.

달리는 기차에서 예기치 않았던 인연이 시작된다. 우연한 일로 남녀는 기차에서 말문을 트고 서로의 감정에 서서히 이끌린다. 여행지가 다른 두 사람은 각자의 일정을 접어둔 채 비엔나에서 무작정 둘이 내린다. 그러면서 이튿날 태양이 뜰 때까지 하루의 여행이 시작된다. 이제 막 감정이 시작되는 젊은 남녀에게 고작 하루의 여행이라니… 간절한 것들은 짧다고 했던가, 아니 짧아서 간절한 걸까. 두 사람의 대화, 숨소리, 눈빛 하나하나에 빠져든다.

젊은 남녀가 겪는 삶의 고민들, 유년 시절, 죽음, 종교, 예술, 철학을 이야기하며 서로 다른 시선에서 공감으로 이어진다. 자신들의 내면을 솔직하게 털어놓으며 둘은 오래 만난 듯 영혼의 교감을 나눈다. 비엔나 거리에서 그들이 나누는 대화는 서로에 대한 호기심을 관객인 나에게조차 공감이 가도록 확장시켜 빠져들게 한다.

주인공 제시와 셀린느가 걸으며 이야기를 나눌 때 흐르는 BGM이 그들의 아슬아슬한 청춘의 감정을 극대화한다. 특히 허름한 레코드 가게에 들러 두 사람이 닿을 듯 말 듯 비좁은 음악 감상실에 들어가 음악을 들을 때 묘한 기류가 흐른다. 귀로 음악을 공유하는 두 사람, 눈길을 어디에 둘지 머뭇거리며 어색한 시선을 마주친다. 그 장면에서 흘러나오던 <Come Hear>는 바로 키스할 것 같은 분위기로 이끌어준다.

잊을 수 없는 장면 하나, 비엔나 밤 골목길을 걷던 두 사람이 어느 반 지하 창문 틈으로 흘러나오는 하프오르간 소리에 이끌려 다가선다. 빈 거리를 비추는 가로등 불빛 사이로 흐르던 음악은 낯선 곳에서 만난 청춘의 아픔조차도 감싸주듯 서로를 끌어안게 한다. 그리고 두 사람을 하나로 묶어 춤추게 만든다. 그들이 서로에게 털어놓은 청춘의 혼란스런 감정들을 어르며 달래준다.

엔딩 크레딧이 올라 갈 때까지 스크린을 가득 채우던 남녀의 모습 뒤로 음악이 조용히 흐른다. 1인 관객인 나에게 또 다른 몫의 이야기를 안겨 준다. 쉬이 일어나지 못하게 내 마음을 잡아끈다. 그대로 앉은 채 영화 속 인물들의 삶이 아닌 나 자신을 만나게 한다.

누군가 그랬다. 삶이 다하는 순간 가장 후회 되는 일이 바로 자신의 감정대로 살지 못했다는 것이라고. 나도 내면의 소리에 따르기보다 어떤 틀 속에 매인 날이 더 많았지 싶다. 어찌 보면 있는 그대로의 나를 살아내지 못했는지도 모른다. 주인공이 아닌 관객처럼 말이다. 영화 속 주인공 제시와 셀린느가 무모해서 더 아름답게 느껴지는 걸까.

음악은 우리가 살아 온 흔적마다 함께한다. 지나간 삶을 떠올릴 때 어떤 끈처럼 그 순간에 들었던 음악이 저절로 따라온다. 나를 지배하던 젊은 날에 아름다운 배경이 되어주었던 음악이 있어줘서 얼마나 다행이었던가.

어느 음악다방에서 그와 듣던 그룹 캔서스의 <Dust in The Wind>.

떨리듯 간절했던 날들, 지금은 노랫말처럼 먼지 되어 바람 속으로 사라져갔지만 음악이 흐를 때면 그날의 풍경이, 그 사람의 표정이 가슴으로 스며든다.

인생의 또 다른 BGM처럼.

기차는 지나갔다

박애자

안방에는 벽을 기대고 선 액자 하나가 있다. 액자 속 사진은 제복차림의 단정하게 모자를 쓴 역무원이 서 있다. 단층 건물 위로 태극기와 코레일기가 보이고 남자는 막 열차를 보낸 듯 손에 깃발을 들고 있다. 그윽한 눈길, 무얼 보고 있는 걸까. 사라진 열차를 향한 시선일까 지난 시간을 향한 그리움일까 사뭇 남자의 눈빛이 깊다.

그를 처음 만난 건 작은 간이역에 근무 할 때였다. 그날 나는 약속 장소에 먼저 와 기다리고 있었다. 한참 후 정복 차림의 그가 다방 문을 열고 들어왔다. 약속시간에 쫓겨 미처 옷을 바꿔 입을 시간이 없었다고 어색하게 웃었다. 궁색한 변명을 했지만 되려 그런 수수함이 좋았다. 야간 근무 후 만날 때는 항상 정복 차림이었다. 그의 옷깃에는 화물열차가 흘리고 간 석탄과 대합실 먼지가 뒤섞인 간이역 냄새가 났다. 기차 통근을 하며 농사일을 거들고 짬짬이 데이트를 해야 하는 그는 늘 시간에 쫓겼다. 만남의 갈증을 편지로 대신했다. 차곡차곡 쌓여가는 편지들, 그렇게 한 계절이 지나갔다. 철로 변에 코스모스가 지고 나뭇잎이 물들 때 간이역을 지키는 남자와 결혼을 했다.

부산으로 신혼여행을 떠났다. 노랗게 가을이 익어가는 창밖을 보며 해운대 도착 할 무렵에는 짙은 어둠이 깔리기 시작했다.

숙소를 잡기 위해 근처 호텔로 들어갔다. 종업원이 가방을 받아 들고 카운터 앞으로 안내를 했다. 예약자를 물었다. 예약하지 않았다고 하자 황당하다는 듯 쳐다보았다. 방이 없다고 했다. 팔짱 낀 신혼부부나 연인들이 안내를 받으며 로비에서 속속 사라질 때 우리는 멀뚱하게 서로를 쳐다보고 있었다.

근처 호텔도 마찬가지였다. 밤은 깊어 가는데 하룻밤 묵을 방 하나를 구하지 못하다니, 길바닥에서 첫날밤을 보낼 판이다. 해운대 일대를 샅샅이 뒤진 끝에 겨우 허름한 여관 하나를 잡아 노숙은 피할 수 있었다. 이튿날 신랑이 신부 어깨에 손을 얹고 태종대에서 찍은 사진을 보면 그날이 떠올라 웃음이 나온다.

그는 격일제 근무를 했다. 철야 근무 하고 돌아오는 날은 빈 도시락 속에 늘 피곤이 담겨있었다. 역과 교신하며 밤새도록 열차를 맞고 보내는 일, 긴장하며 밤잠을 설치고 눈이 벌겋게 충혈되어 들어오는 날이 많았지만 좀처럼 내색하지 않았다. 겨우 내 눈 쌓인 태백선을 오가던 그는 새벽마다 까만 석탄가루를 덮어쓰고 들어왔다. 한밤중에 그를 내보내고 누워 듣던 기차 소리는 오래 된 천식환자처럼 거친 소리를 토해내며 출발했다. 화물차를 타고 영동선을 수없이 오고갔다. 바퀴가 헐도록 달리는 철로 위를 그는 가장이란 짐을 지고 함께 달렸다.

출발과 도착이 정해진 열차, 레일을 따라 가는 것이 기차의 숙명이다. 그는 기차 같은 사람이다. 한곳을 향해 옆도 뒤도 돌아보지 않고 달리기만 했다. 어쩌면 답답하리만치 고지식한 성격은 기차를 닮았는지 모른다. 평생 선로에 갇혀 살아야하는 열차, 이탈을 모르는 기차처럼 오로지 한 곳을 향해 가고 있다. 때로는 살면서 누리는 소소한 재미마저 외면한 채 무미건조한 그의 정서와 맞지 않아 다투기도 했다. 그런 그도 밥벌이의 지겨움이 왜 없었겠는가. 다만 가장이란 무거운 짐이 그를 기차처럼 달리게 했으리라. 쉰 살만 되면 미련 없이 기차에서 내리겠다던 그, 그러나 현실은 그를 놓아 주지 않았다. 더 달리라고 재촉했다.

이제 기차는 멈췄다. 고향 간이역을 마지막으로 그는 기차와 작별했다. 삼십년이 넘도록 그의 곁을 지나간 기차처럼 많은 이야기들이 우리 곁을 머물다 지나갔다. 돌이켜보면 모든 것이 기차처럼 빨리 지나가버렸다. 그래서 놓쳐 버린 것들이 너무 많다. 종착역이 가까워지고 있다. 수기를 흔들 듯 힘차게 흔들었던 삶의 깃발도 머지않아 내려야 할 때가 오고 있다.

액자 속 남자가 기차를 배웅한다. 기차는 떠나고 기적소리도 멀어졌다. 일 년 내 햇볕과 바람만 다녀가는 기억 속 간이역. 아직도 그는 수기를 흔들며 열차를 맞고 보내는지 모른다.

비워낸 자리에서

박혜원

집안 정리를 시작했다. 먼지 앉은 책꽂이부터 속을 감춘 서랍까지 하나씩 정리하는 재미에 빠졌다. 하지만 마음먹은 만큼 속도가 나질 않는다. 얼마나 많은 것을 담아두었던지, 두 개의 서랍을 정리하는데 쓰레기만 두 상자가 나왔다. 정리를 마치고 문을 닫으니 서랍은 언제 치웠냐는 듯 새초롬하게 입을 다물고 있다. 온종일 정리했는데 예전과 변함이 없다니, 허무해서 웃음이 나왔다. 버리고 비운다는 게 힘들고 티도 나지 않는 모양이다.

회사 동료이기도 했던 지인이 얼마 전 도시 생활을 정리하고 시골로 이사를 갔다. 너무 바쁘게 살다 보니 자연이 그리웠다고 했다. 그리고는 도시에는 어떠한 미련도 없는 사람처럼 집을 비웠다. 자연에서의 삶을 맞닥뜨리고 나니 그것 또한 녹록치 않은 모양이다. 전 사람이 살고 간 흔적을 비우느라 고생이라고 했다.

그녀는 땅이 좋아, 푸릇푸릇 올라올 새싹이 좋아 시골집을 택했다. 그런데 그 땅이 쓰레기로 가득 차 골라내기 바쁘다고 했다. 무엇이든 버리기 싫어하는 노부부가 이십여 년을 땅에 묻어 놓은 것이다. 폐타이어부터 고물, 비닐 속 음식물 쓰레기까지. 파도 파도 끝이 없고 또 무엇이 나올까 무섭기까지 하단다. 하긴 이십 년을 묵은 쓰레기가 오죽할까 싶다. 버리지 못해 움켜쥐고 사는 짐들. 비단 그 노부부의 얘기만은 아닌 것 같다.

그녀와 나는 거의 동시에 회사를 그만두었다. 십여 년을 다닌 곳이다 보니 익숙하기도 하고 정도 많이 들었던 터였다. 둘 다 퇴사를 공공연하게 얘기한 후 얼마 지나지 않아 그녀의 아버지가 돌아가시는 일이 생겼다. 갑작스러운 비보에 놀란 마음을 가라앉히고 보니 그녀 걱정이 우선이다. 마음은 매일 같이 빈소를 찾아가 돕고 싶었지만 때마침 걸린 독감에 간신히 한 번의 문상으로 위안을 삼아야 했다. 나를 회사 동료들이 당연히 다녀갔을 거라 생각했다. 빈소와 거리도 가까웠으니 십 년을 같이 한 사람들에 대한 최소한의 예의라고 생각했다. 하지만 나의 기대는 보기 좋게 꺾였다. 상사를 제외한 동료는 나를 포함해 두 명만이 빈소를 찾았다는 것이다.

괜찮으냐는 나의 물음에 그녀는 담담하게 웃었다. 괜찮아. 기대하지 않았어. 난 이미 마음을 비웠는걸. 이렇게 말하는 그녀는 얼마만큼의 기대를 마음에서 비워낸 것일까? 이제는 헤어질 사람이라는 것이 그들을 계산적이게 만들었던 모양이다. 그리고 이미 시골로 내려가기로 한 그녀는 그 모든 것을 예측했다는 듯이 아무렇지 않게 회사와 도시를 등지고 내려갔다. 기대치가 많았던 탓일까. 동료들과 함께 한 시간이 오래된 탓일까. 오히려 그녀보다 내가 더 서운했다. 몇 날 며칠을 씩씩거리며 보냈다. 회사 상사와의 술자리에서 이럴 수가 있냐며 푸념도 늘어놨었다. 그리고 정작 그녀는 이곳에서의 생활을 다 비우고 떠났는데 나는 지난 흔적에 매달려 있었음을 깨달았다.

사람에게 거는 기대, 내가 해 준 만큼 받고 싶은 마음, 그리고 겹겹이 쌓여가는 바람들. 이것이 모두 짐이 되어 어깨를 누르고 있었지만 선뜻 인정할 수 없었던 것 같다. 당연한 거야. 이런 게 살아가는 거잖아. 이렇게 치부하며 내가 해준 만큼의 반만이라도 바랐었다. 내 힘으로는 될 수 없는 아이의 공부도, 좀 더 풍족한 삶을 향한 욕심도 조금만 비우면 가벼워지는 것을. 이렇게 시간이 흐른 뒤에야 조금씩 깨닫게 된다.

집을 치우다 말고 그녀에게 전화를 걸었다. 요즘은 어떠냐는 내 질문에 그녀는 푸념부터 털어놓는다. 그리고는 "그래도 이번 주까지만 치워내면 될 것 같아. 3월 말까지만 씨를 뿌리면 된다네 그래야 싹이 트잖아." 한다. 그녀의 씩씩함에, 치우는 일도 만만치 않다고 몸 살펴가며 일하라며 전화를 끊었다. 그녀는 다 비워낸 자리에 아주 작고 연약한 새싹을 키우려 한다. 보는 것만으로도 즐거움을 주는 푸릇함이다.

나는 아직 비워낸 자리에 무엇을 담을지 생각하지 않았다. 비울게 너무 많은 까닭이다. 시간이 없다며 혹은 아깝다며 쟁여놓았던 나의 욕심과 쓸데없는 바람들을 먼저 비워야 할 것 같다. 시간을 갖고 비우다 보면 생각나겠지. 너무 텅 비어 허전하지 않을 정도로만 담을 새로운 것이 무엇인지를.

그녀에게 말을 걸다

서정화

아파트 단지 옆 산책길에서 그녀와 가끔 마주쳤다.

그러나 그녀는 내게 시선을 주거나 힐끗 쳐다보는 일조차 없었다.

며칠 전 오후 마트 가는 길에 운동을 겸해 산책길로 들어섰다. 저만치 화단 앞 턱에 쪼그리고 앉아 담배를 물고 있는 그녀를 발견하고 일부러 걸음을 늦췄다. 자주 만나던 터라 눈이라도 마주치면 인사라도 나눌 참이었다. 하지만 내가 바로 그녀 앞에다가 갈 때까지 시선을 피하며 쪼그려 앉은 자세 그대로였다. 행여 누가 말이라도 붙일까봐 오히려 귀찮아하는 몸짓으로 보였다.

그녀와 처음 눈길이 마주쳤을 때는 담배를 피우고 있으니 민망하여 그러려니 하고 외면한 채 걸음을 재촉했다. 야구 모자를 푹 눌러쓰고 스마트폰을 만지작거리며 담배연기를 깊숙이 빨아들이는 모습이 왠지 그녀의 흔들거리는 일상을 엿본 듯하여 미안했다.

30대 후반으로밖에 보이지 않는데 무슨 깊은 시련이 있을까. 가족 중 누가 많이 아픈 걸까. 부부관계 문제, 아니면 경제적으로 갑자기 힘들어진 건 아닐지. 사춘기를 겪는 딸과의 갈등? 나의 상상은 방송에서 흘러나오는 반갑지 않은 뉴스내용들처럼 좋지 않은 쪽으로만 기울었다. 그러나 막상 그 앞을 지나쳐 서너 발짝만 지나면 내 생각 속에서 그녀는 사라져버렸다.

'무관심이다. 무관심은 죄다. 나는 죄인이다!'

다음날 아침 일어난 일로 나는 그 생각에 잡혀버렸다. 아침 식사도 끝나기 전에 사이렌을 울리며 구급차가 아파트 단지로 들어오고 뒤이어 경찰차도 들이닥쳤다. 놀라서 부엌 창을 열고 내다보았다. 옆 동에 폴리스 라인이 쳐졌다. 심상치 않은 분위기가 감지되던 순간 나도 모르게 그녀가 떠올랐다.

중학교 3학년 여학생이 투신했다는 말이 아파트에 금세 퍼졌다. 순간 화단 턱에 앉아 있던 그녀의 딸일 것이라는 생각이 번개처럼 스쳤다. 경비 아저씨의 말을 들으며 안타깝게도 내 짐작이 비켜가지 않았다는 사실에 다리가 후들거렸다.

몇 차례 그녀의 쪼그려 앉은 모습을 볼 때마다 온 몸에 외로움이 배었다는 느낌을 받으면서도 그녀에게 말 한 번 건네지 못했다. 시선조차 들지 못하는 깊은 고뇌를 감지했으면 말을 걸었어야했다. 그녀의 이야기를 그저 조용히 들어주기만 했어도 그녀의 힘든 마음 공간에 작은 쉼터라는 여유라도 만들어 주었을 텐데. 만약 그랬다면 갈등에 싸인 사춘기 딸을 위로하고 용기를 줄 힘을 얻었을지도 모를 일이다.

그 일로 나는 한동안 자책감에 빠졌다.

관심은 아무리 미미해도 사랑의 시작이다. 내 자식이 아니어도 길에서 어린 아이가 넘어지면 저절로 손을 내밀어 잡아 일으키고 다친 곳은 없나 살펴보는 게 사람 아닌가.

이 시대의 관심은 파도처럼 밀고 밀리는 각종 정보를 시간 차

없이 전하는 스마트 폰에 매달린 느낌이다. 지구 반대편 나라 인기 가수의 신곡이 발표되자마자 따라 부르며 희비애락을 순식간에 공유할 수 있는 세상이다. 그러나 막상 내 이웃의 사정은 관심 밖이다. 삶이 팍팍하다는 이유로, 남의 일을 너무 깊이 알면 부담스럽다는 핑계로, 벽 하나 사이의 이웃에는 무관심해야 프라이버시를 존중하는 것처럼 인식된 이 사회에서 나도 동조한 것 같아 그녀를 바라보기가 한동안 힘들었다.

위태로운 사춘기, 경쟁에 내몰려 종점을 모른 채 달려야하는 청소년이 절망에 빠지고 무너져 내리면 그 파장이 얼마나 클지 짐작조차 두렵다. 인사를 잘해 예의 바르다고 칭찬받던 여중생이 투신하여 짧은 생을 마감할 만큼 큰 문제나 고민이 있었다면 부모는 짐작했을 터다. 세심한 관심과 배려를 조금만 더 기울였다면 그 큰 불행을 막을 수 있지 않았을까 싶어 가슴이 아리다.

몇 달이 지났다. 이삿짐이 실리는 차 뒤편 나무 그늘에 그녀가 엉거주춤 앉아 있었다. 이전보다 더 고개를 숙였고 생기 없이 모든 영혼이 빠져나간 듯했다. 초췌한 모습으로 애완견 한 마리를 안고 있다. 품에 안긴 강아지가 어쩌면 아무 조건 없이 그녀의 마음을 위로해주는 존재일지도. 나는 지나던 걸음을 멈추고 그녀 옆에 다가가 앉았다.

"강아지가 예쁘네요." 라고 말을 건넸다. 처음으로 그녀와 눈을 마주쳤다.

고개를 드는 그녀의 눈에 눈물이 그렁그렁했다. 진작 그러하지 못한데 대한 미안함과 후회가 밀려왔다.

주변 사람들에게 저지르는 가장 큰 죄는 그들에 대한 미움이 아니다. 무관심이야 말로 가장 큰 죄다.'라고 한 버나드 쇼의 말을 새기며 그녀와 눈을 마주했다.

봄이 웃는다

김숙경

혹한의 추위를 보냈다. 겨울답지 않았던 며칠의 따뜻했던 기온 탓이었는지 체감 온도는 영하 20도라 할 만큼 강력했다. 세계에서 가장 춥다는 모스코바의 기온을 넘어서는 이변도 생겼으니 가히 짐작하고도 남을 추위다. 모든 풍경이 정지된 채 얼어붙고 굳어있는 듯 보인다. 그토록 길게 느껴졌던 추위도 한풀 꺾이니 그런 모습 속에도 애틋하게 올라오는 봄이 벚나무 가지 끝에서 보인다. 바람이 멈춘 한낮의 햇살에 나목이 먼저 깊게 숨을 들이시는 모습, 목을 칭칭 감싸고 두툼한 겨울을 둘러맨 옷차림이 다소 무거워 보이고 둔해 보이는 이유도 마음속에 성큼 들어오고 싶은 봄 때문인 것 같다. 겨우 1월의 끝자락, 아직 음력으로 헤아리는 봄은 더 멀리 있는데도 마음은 3월을 몸속에 품고 있다.

겨울방학을 끝내고 등교하는 학생들의 가볍지 않은 가방 속에 봄이 들어있을 것만 같다. 학교가 열리고 얼었던 세상이 풀리고 눈 맞춤하는 나무의 이파리가 손바닥만 하게 커지고 하나둘 꽃이 피고지고 연두 빛이 온 세상을 색칠하는 날 봄은 완성되겠지. 얼마 안가 그 봄은 다시 손 내미는 여름에게 길을 열어 주겠지만 봄은 느리게 왔다가 성급하게 가는 듯 보이리라. 겨울이 길었던 만큼 짧게 느껴지는 봄의 기운, 사람의 삶도 그러리라는 생각을 한다. 잠깐 왔다 잠깐 가는 생의 이치와 같다는 생각도 해본다.

인생의 출발을 봄이라 칭하면 어린 생의 봄날은 얼마나 가녀린 새싹 같았을까. 연한 초록이 진초록으로 색깔을 물들이고 다시 봄을 맞기까지 비바람과 때로는 쏟아지는 우박과 뜻하지 않은 사월에 내리는 눈을 맞느라 여린 몸을 이리 채이고 저리 채였을, 그러면서 단단해졌을 봄을 떠올린다. 봄은 연약하지만 강인한 인내와 꿈을 꿀 수 있는 근거지를 만드느라 속으로 힘겨웠으리라. 그런 봄을 맞느라 혹한의 겨울을 참고 견디는 법을 우리에게 산수유같이 환한 웃음으로 봄의 첫길로 안내하는가보다. 잎보다 먼저 피는 꽃 개나리, 꽃이 지고서야 잎이 나는 목련, 차례를 지어서 피어나는 꽃들의 질서가 생의 질서도 은연중 가르친다. 서두르지 말고 조급해하지도 말라는 꽃의 묵언을 배운다. 또한 봄은 조용히 오지만 커다란 웃음소리 같다. 사방이 꽃들이 피느라 세상으로 펼쳐지게 될 불안함, 두려움도 잊게 해준다. 그게 봄의 힘인 것 같다.

바람이 유순해졌다. 들숨으로 은행나무 가로수 뿌리를 들어올리는 봄의 힘이 갸웃 보여 진다, 햇살에 투영되는 잔가지에 봄의 소리가 조금씩 걸어오는 것도 같다. 몇 번의 추위가 시샘을 부리고 꽃샘추위가 春來不似春椿을 알릴지라도 어김없이 찾아오는 봄을 기다리며 누군가는 연서를 쓰고 누군가는 답을 주기위해 컴퓨터를 열어 이메일을 보내고 누군가는 손 편지를 써서 우표를 붙이고 우체통에 작은 설렘도 같이 담아서 보낼 것이다. 청춘의 화사한 꽃도 늙어감의 여유도 봄이라는 창을 통해 바라보는 중년의 여자가 된다. 봄이라는 소망은 작지만 커다란 열매를 준비하는 시작이 되리라 생각한다.

봄엔 새의 혀를 닮았다는 작설차 한잔에 아주 올드하지 않은 팝송을 들으며 손끝으로 그림의 질감을 느껴보는 나만의 그림을 그리고 싶다. 그리고 어디론가 사진기를 들러 메고 산과 들을 찍고 강을 담고 바다를 피사체에 담아보는 사진작가도 되고 싶다. 기차를 타고 어디론가 목적도 없이 달리는 꿈도 꿔본다. 봄에는 아무것도 실행하지 못하더라도 결코 실망하지 않을 것이다. 잠시 꿈을 꿀 수 있는 것도 봄이란 설렘과 소망이라는 감성을 역마살처럼 여전히 버리지 못할 것을 알기에. 내 속의 봄은 그런 것이리라.

즐거운 중독

추경선

어둠이 내려앉는 시간, 빗소리를 감싸 안아버리는 색소폰 선율이 흐른다. 격식을 갖춘 공연장이 아닌, 카페의 숨겨지지 않은 민낯이 드러난다. 커피를 만드는 바리스타의 분주함. 그 손놀림의 리듬을 타는 기계음 소리, 찻잔 부딪히는 소리, 잡담과 아이들의 칭얼대는 소리까지 섞여 든다. 인상을 찌푸릴 필요도 없다. 음악은 때때로 격식 없는 차림에도 아랑곳없이 흐르고 그렇게 스며들어 와도 좋은 것이니까.

Duke Ellington의 Take the A Train 리듬이 울려 퍼진다. 대형 스크린에 허스키한 목소리로 앙칼지게 불러대는 여가수가 등장하고 피아노. 트럼펫. 색소폰 등 악기 연주자들의 뽐냄이 압권이다. 내가 제일 잘한다는 듯 당당하고 신나게 한바탕 어울린다. 어디론가 떠나고 싶게 만드는 기차의 기적소리는 낯선 어디라도 겁내지 말고 떠나라고 부추긴다.

재즈는 현장이다. 라이브다. 살아있음을 느끼고 자유를 누리라고 말한다. 연주자도 청중도 하나가 된다. 리듬을 타고 무아지경으로 춤을 춘다. 연주자는 음악을 그치지 않는다. 사랑도 머뭇거리지 않는다. 재즈의 선율은 유혹한다. 내려놓으라고. 다른 사람이 아닌 나 자신을 지독하게 사랑하라고 말하는 것 같다. 숨이 차오르고 후끈 달아오른다. 움직이지 못하는 몸짓을 답답해

하며 내 안의 세포들이 자유롭고 싶다고 안달을 부린다. 마지막은 블루스 리듬으로 숨고르기다. 부드럽게 포옹한다. 한바탕의 열기 속을 빠져 나온 사람들의 눅눅한 땀 냄새도 불쾌하지 않다. 끈적끈적함을 상상하지만 뽀송한 느낌에 나른해진다. 어찌 그리 긴장하며 살았던가. 누구에게 쫓기는 것도 아닌데. 진한 커피 한잔의 풍미로 아쉬움을 달랜다.

비 내리는 밤, 꽃들도 비가 되어 떨어졌다. 발아래 흩뿌려진 꽃잎들을 지그시 밟아봤다. 나를 위해 준비된 꽃길처럼 즈려 밟는 기분으로 걸었다. 비 내리는 그 어느 날을 또 기다릴지도 모른다. 아니, 비가 안 와도 괜찮다. 그 날은 또 그 날의 바람이 불면 족한 것이니까.

한 순간, 재즈라는 음악장르에 빠졌다. 늘 반응이 느리다는 소리를 듣는 내가 생각해도 신기한 일이다. 좋은 풍경을 보거나 새로운 것을 만나도 감탄을 잘 안한다. 무감각한 사람도 아니고 감동하지 못하는 것은 아니다. 다만 즉각적인 표현을 못하는 게 문제다. 적절한 타이밍을 놓치는 뒤늦은 반응은 지극히 멋없는 성품으로 인식되기도 한다. 이런 내가 아주 즉각적인 반응을 보이고 좋아한다고 떠벌리는 일을 서슴지 않으니 의아하다는 표정을 짓는다. 감정이 없기보다 좀 묵혀두는 습관이라고 말해주던 친구도 내가 낯설다고 말해 웃음을 자아냈다.

재즈를 좋아하게 된 계기를 말하려다 보면 영화 한 편을 빼놓을 수 없다.

<피아노, 솔로>.천재 피아니스트 재즈음악가의 삶을 통해 전

해진 주제가 너무 무거웠다. 주인공은 어린 시절 자동차 사고로 죽은 엄마의 마지막 모습에 그의 삶을 온통 지배당한다. 자기 탓이라는 죄책감에서 벗어나지 못한다. 뛰어난 재능, 사랑하는 여인, 자신을 이해해주는 가족들이 있지만 그 누구에게도 위안을 주지도, 받지도 못하는 삶을 산다. 천재라는 칭호를 듣고 음악을 통해 삶의 기쁨을 누리기도 하지만 결국 그는 자신을 지키지 못한다. 음악적 우상이었던 쳇 베이커의 자살은 곧 그의 자화상이 되어버렸다.

영화를 감상하는 내내 답답함이 떠나지 않았었다. 영화가 문제가 아니었다. 그 영화를 보던 시점에 있었던 여배우의 자살, 그녀의 남겨진 아이들이 계속 오버랩 되는 괴로움이었다. 어린 시절의 기억이 삶을 지배할 수도 있다면, 어린 기억 속에 무엇을 담아줄 것인가로 고민해야 하는 거 아니냐며 혼자 울분을 토해 냈다. 알게 모르게 수많은 천재들의 초점 없는 방황을 방관하고 있는 책임을 져야 할 것 같은 불편함을 다 끌어안고 있었다. 영화와 현실의 랑데부, 그 무게는 시간이 지난 후 결국 남의 일은 남의 일이라고 책임감은 슬쩍 내려놓고 얄밉게도 재즈음악만 취했다.

즐기는 음악, 자유롭게 새로움을 추구하는 음악이라고 말한다. 아이러니하게도 재즈 가수들의 삶은 평탄하지 않은 경우가 많다. 어쨌든 지금 나는 첫 인상은 썩 좋지 않았는데 보면 볼수록 정이 가는 사람처럼 뒤늦게 재즈의 매력에 빠졌다. 무조건 먼저 좋아하고 조금씩 다가가는 순서가 뒤바뀐 사랑을 하고 있다. 재즈라는 제목이 붙은 영화나 공연, 책을 보면 일단 찜 해놓는 일을 망설이지 않는다. 냉정한 이성을 앞세우던 내가 맹목적인 애정 행위를 서슴지 않는 것은 위험한 일일까. 좀 더 가까이 다가가 중독되고 싶은 일이라고 외쳐본다.

봄을 그리는 호야

김상기

하늘이 꽁꽁 얼음을 토해내던 날, 햇볕을 찾아 잔뜩 움츠려드는 호야의 모양새가 예사롭지 않았다. 발랄하던 몸 상태가 축 처져 기운을 못 차리고 있어 햇살이 잘 드는 거실 한편으로 옮겨 놓았다. 호야는 내가 아끼는 화초의 이름이다.

얼마나 시간이 흘렀을까? 다소곳이 앉아 있는 화초의 모습이 정상으로 돌아 온 것 같다. 무성한 머리를 소담스럽게 틀어 올려놓은 머리가 무척이나 정갈스럽고 멋스럽기까지 하다. 호야의 나이 어느덧 이십 세가 되었다. 긴 세월 속에 아픔의 시간도 있었고 기쁨의 순간도 있었지만 이렇게 성숙하고 아름답게 자라준걸 보면 마냥 흐뭇하기만 하다.

오래전 어느 날 지인으로부터 가냘픈 줄기 하나를 얻어왔다. 너무 여리고 약해서 자주 만져주지도 못하고 어린 그 애와 마주 앉아 대화의 양분만 주었다. 하루하루의 일과를 호야에게 즐겁게 이야기해 주면서 물수건으로 살살 씻어 주다보니 세월은 그렇게 흘러만 갔다.

시간의 나이테가 더해질수록 호야는 탐스럽게 잘 자라주었다. 실핏줄보다 가녀린 그의 팔뚝에는 어느덧 새파란 보석들이 줄줄이 매달려 있고 반짝 반짝 빛을 내면서 온 몸에 기름을 바른 듯 광채로 덮여 있으니 얼마나 가슴 벅찬 일인지…….

처음 내 집에 와서 적응도 못하고 아프기만 했던 그놈이 이렇게 예쁘고 멋스럽게 커가는 것을 보니 흐뭇하고 자랑스럽고 대견하기만 하다.

그런데 어느 날부터 호야가 바람이 났다보다. 녹색 사파이어보다 더욱 진하게 변한 머리를 휘날리면서 이리저리 눈을 맞추려 애를 쓴다. 커다란 눈망울이 예사롭지 않다. 길게 자란 머리는 얼마나 손질을 잘했는지 10미터 뒤에서도 눈이 부시도록 아름답게 보인다. 정말 깜찍하고 사랑스럽다.

그런 호야가 어느 날 녹색 머릿속에 참외만한 흰 꽃송이를 한 아름 우리에게 선물했다. 온 집안은 호야의 향기로 가득했다. 벌렁벌렁 냄새에 젖는 행복함도 잠시 호야의 온 몸이 꿀범벅이 되어 여기저기로 후드득후드득 떨어져내렸다. 그렇게도 아름답던 모습이 끈적끈적한 토사물로 한 순간에 볼품없이 변하고 말았다. 무겁기 만한 화초를 질질 끌고 화장실로 들어가 샤워기로 머리를 감겨 놓고 보니 눈에 보이지 않던 곳에 상처가 많이 보였다. 딱지도 생기고 머리 색깔이 변한 곳이 한두 군데가 아니었다. 그런데 나는 그놈의 아픔을 전혀 몰랐으니 나는 무심한 주인이었나 보다. 머릿속 여기저기 약을 발라주고 햇볕 잘 드는 방으로 옮겨 놓고 보니 안쓰러운 마음에 가슴이 멍하게 멍울져온다.

겨울에 봄날이 숨어 있다 했는데 언제쯤 봄의 향기가 우리 집에 들어올까. 호야 좋아하는 친구들도 많이 놀러오게 만들어야 할 텐데. 봄이 도둑처럼 오고 있다고 하지만 호야를 위해서 활짝 열린 창문으로 달디 단 봄 냄새라도 들여보내 주었으면 좋으련만.

피어오른 꽃에만 봄이 있는 게 아니라 언 몸 녹여 축 늘어진 붉은 흙에, 발뒤꿈치에 묻어오는 검은 흙에도 봄은 온다고 했는데 아직도 창밖은 변할 줄을 모른다.

이제 조금만 기다리면 틀어 올렸던 머리도 풀어 헤쳐주고 머리칼 사이사이 곱게 빗질하여 봄바람을 틀어주면 빛바랬던 머릿결에 다시금 변화가 오겠지. 한 살을 더 먹었으니 머리에도 멋을 부려줘야겠다.

쪽빛 바다색보다도 더 푸른 멋진 머리를 길게 늘어뜨려 종종머리로 땋아줄까, 아니면 반짝반짝 윤기 나는 머리를 만들어 멋있게 풀어내려 놓을까 생각만 해도 내 마음 속이 두근두근 황홀하게 뛴다.

꽃 샘 잎샘이 아무리 맵차게 달려와도 땅속은 아직 몽글몽글 순하고 아늑하기만 하다. 그래도 땅속의 씨앗 생명들은 우두둑 우두둑 손마디를 풀고 있겠지.

겨우내 윤기가 사라진 호야의 머리를 스팀수건으로 하나하나 닦아주면서 대화를 나눠본다.

"호야야! 올 봄에는 더 예쁘게 키워 줄게. 그리고 멋있는 근사한 남자 친구도 데려올 터이니 아름다운 모습으로 기다려 주었으면 좋겠구나."

어린왕자, 길을 떠나다

박경옥

흰 눈이 반쯤 접힌 호수 위로 어제 보다 더 가벼워진 바람이 지나간다. 생명이 움트고 있는 시간들이 빈 가지 끝에서 바스락거린다. 겨울과 봄을 껴안고 있는 2월의 호수는 아침 햇살을 물고 낮게 엎드린 채 고요 속에 잠겨 있다. 바람이 불적마다 호숫가 산그늘을 타고 아직은 시린 박새의 지저귐이 풍경처럼 귓가를 적신다. 어젯밤에도 박새는 어깨 깃털에 부리를 묻고 꽃댕강나무 위에서 홀로 잠을 청했을 것이다. 마른 덤불 사이에 숨죽이고 있던 새싹들의 아우성을 들으며 긴 밤을 외롭게 견디었을 것이다.

한 남자가 생의 끈을 놓았다. 꿈결처럼 들려온 소식에 한동안 가슴 한쪽이 휘청거렸다. 그건 멀리 떠나버린 내 청춘의 한 자락을 불러오는 일이었다. 생각의 덩어리들이 어딘가에 깊숙이 숨겨져 있다가 소리 없이 흘러나왔다. 까마득 잊고 있다고 생각 했는데 기억의 창고 맨 밑바닥에 잠을 자고 있었던 모양이다. 버려두었던 마음 밭으로 어느새 흰 눈이 사박거리며 내렸다. 책장 한 귀퉁이에서 잠자고 있던 기억들이 하나 둘씩 눈을 뜨고 일어났다.

그가 내 꿈의 정원으로 들어오던 날은 눈이 내렸다. 골목 끝에 자리한 작은 찻집 문을 밀자 문 위에 달려 있던 풍경이 청량한 소리로 댕그랑거렸다. 난로 위 주전자에서 물이 끓고 있었고 슈베르트의 가곡 '보리수'가 따뜻한 빛깔로 흘러나왔다. 창가 나무 의자에 비스듬히 앉아 책을 읽고 있던 그가 나를 보자 엉거주춤 일어섰다. 첫 인상이 맑고 수수했다.

찻집을 나왔을 땐 어둠과 함께 함박눈이 소담스레 내리고 있었다. 길을 걷던 그가 문득 서점으로 들어가더니 내게 책 한권을 내밀었다. 문고판 크기의 '어린 왕자'였다. '길들인다는 건 관계를 맺는다는 뜻이야' 마음 밖에서 겉돌던 글귀가 비로소 가슴으로 들어와 박혔다. 길들이는 것은 서로에게 필요한 존재가 되는 거라던 여우의 말처럼 마음을 나누는 여정이 시작 된 것이다.

찻집에 앉아 듣던 슈베르트의 가곡과 라흐마니노프의 피아노 협주곡, 공연을 보고 난후 문화회관 계단에 앉아 귀를 세우고 듣던 별빛 같은 바람소리, 도서관 앞 은행나무 숲길에 묻어나던 노란 가을 향기, 전시회장 앞 분수대에서 부르던 'Love Me Tender' 의 휘파람 같은 여운, 특별할 것도 없는 소소한 일상이 우리에겐 세상에 하나뿐인 소중한 의미로 다가왔다.

문학과 음악, 심지어 그림에 대해서도 박식했던 그의 이야기에 빠져 나는 그가 껴안고 있는 엄청난 고통의 무게를 눈치 채지 못했다. 분명 그의 잘못이 아니었음에도 불구하고 그건 내가 함께 지고 갈 수 없는 짐이라 생각 했고 우리가 서로 다른 길을 가야 하는 이유라고 여겼다.

길들여지면 누구나 헤어질 때 울게 된다고 했던가. 나는 한동안 그가 내 정원에 심어놓은 풍경들을 떠나보내지 못하고 그 언저리를 맴돌아야 했다. 그러나 속절없이 흐르는 시간 앞에서 내 청춘의 한쪽을 쓰다듬던 그 많은 기억들도 달이 기울 듯 서서히 스러져 갔다. 새벽하늘에 사라져 가는 희미한 그믐달처럼.

불행한 가족사를 짊어지고도 맑고 순수한 정신세계를 가지고 있던 고독한 지식인이었던 그가, 생을 놓아버릴 때까지 가지고 있었을 삶의 무게를 생각해 본다. 어쩌면 짐을 벗어버리듯 아픔으로 얼룩진 무거운 육신의 껍데기를 벗어버리고 어린왕자처럼 자기 별로 돌아갔을지도 모르겠다. 그는 지금쯤 어느 별에서 지친 몸을 쉬고 있을까. 변하지 않을 장미꽃을 정성들여 키우고 있지는 않을까. 누군가 말했다. 산다는 것은 떠나간 사람을 그리워하는 것이라고. 누구나 가슴속에 사랑하는 사람의 무덤을 하나씩 가지고 산다고.

숲길 옆에 세워둔 자전거 위로 호로록 박새 한마리가 날아와 앉는다. 날갯짓이 한결 가벼워졌다.

아름다운 탄생

이갑순

스마트폰을 켜니 기다렸다는 듯 페이스북 알림이 뜬다.

'오늘은 최혁두 님의 생일입니다. 축하해주세요.'

아들 생일도 알려주는 참 편리한 세상이다. 일단 아들에게 메시지를 보냈다. '생일을 축하한다. 이 땅에 그대를 착륙하게 한 부모님에게도 감사의 말을 전하라'며 장난스러운 글까지 덧붙였다.

예전 농촌에서 자란 우리 세대는 미역국 한 그릇 먹는 것이 생일의 전부였다. 신생아 생존율이 높지 않던 시절이었다. 아이가 태어나 일 년 정도는 살아 있어야 공식적인 생존권을 부여받았다고나 할까? 마을 이장이 면사무소 출입하는 날 출생신고를 부탁했다. 백여 호 되는 우리 마을에 나랑 동갑내기가 열 두 명인데 네 명이 생년월일이 같다. 혹 여러 명을 한꺼번에 올리다보면 그 중 한 두 명은 이름을 잊어버리는 경우도 있었다. 그러면 즉석에서 대충 지어 호적에 올리곤 했다. 전화도 없던 시절이니 이해는 가지만 참 단순하고 아름다운 시절이었다.

이런 일화도 있었다. 진주 어느 지방 이장이 부탁 받은 이름을 잊어버렸다. 해는 뉘엿뉘엿 넘어가고 마땅한 이름이 떠오르지 않았다. 그때 석양빛에 선명한 자태를 드러낸 앞산 산성이 눈 안에 섬광처럼 들어왔다. 아, 저것이구나, 저 산성처럼 우뚝 솟아 살아간다면 이 아이의 장래도 좋을 것이다. 결국 그 아이의 이름은 '산성'이 됐다. 실제로 '황산성 변호사'의 이야기다.

실제 생년월일보다 한두 살 늦은 것은 흉도 아니었던 시절이었다. 소꿉친구 경식이도 두해가 늦어 환갑이 지난 지금도 만나면 내가 누나라 부르라고 장난을 친다. 어느 날은 경식이 대뜸 전화를 해서 "누님, 맛있는 밥 사겠습니다"라고 했다, 뜬금없이 웬일이냐 했더니 직장에서 호적 늦은 것 때문에 정년이 2년 더 연장되었단다. '인간만사 새옹지마'라더니 이게 무슨 아이러니인가. 이 정도는 흔히 있는 이야기다.

정말 기막힌 경우도 있었다. 막내시누이 이야기인데 원래 한 살 위 언니가 있었다. 성품이 순하고 착해 '순득'이라고 지었다. 모내기한 벼가 일정 시간이 지나면 제자리를 잡듯이 순득이가 세상에 뿌리를 내렸다 생각하고 출생신고를 했다. 제법 눈도 맞추고 방긋방긋 잘 자랐다.

이듬해 봄 복사꽃 향기가 앞뒤 동네를 몽롱하게 하던 어느 날이었다. 마침 그날은 할머니 생신날이었다. 안방에 일가친척들이 모여 흥겨운 생일상에 앉아 덕담을 나누고 있었다.

삶과 죽음은 그리 먼 거리가 아니었다. 만일 이승, 저승이 있어 삶이 윤회한다면 이승의 하직은 저승의 태어남이 아니겠는가. 그날 안방에선 생일잔치가, 건넛방에서는 시누이 언니 순득이가 폐렴으로 가쁜 숨을 몰아쉬며 서서히 식어가고 있었다. 그 날은 유난히 바람이 불어 복사꽃잎이 꽃비 되어 어린 생명의 짧은 생을 덮어주었다. 양지바른 앞산 애지골에 애장을 했다. 애장은 죽은 어린 아이를 이불에 싸서 옹기 독에 넣고 묻어주는 것이다.

밥 먹고 잠자고 세상은 아무 일도 없었다는 듯 흘러 다시 앞산에 복사꽃 필 때 지금의 막내시누이가 태어났다. 어린 것을 떠나보내고 가슴에 묻은 부모는 차마 사망신고를 못했기에 막내시누이는 언니의 생년월일과 이름을 그대로 이어받아 살아가고 있다. 호적상 언니의 삶을 대신해 투명 인간처럼– 처음 이 이야기를 들었을 때 말할 수없는 몽매함과 애처로움으로 온몸이 떨렸다. 다행히 그는 활기찬 예쁜 여인으로 살아가고 있다.

살아간다는 것, 어쩌면 아주 단순한 것이 아닐까. 어떤 명제에 너무 깊은 의미를 부여하는 순간 세상의 거미줄같이 얽힌 여러 오류에 빠져 버린다. 일 년 내내 무슨, 무슨 기념일이 넘치는 세상이다. 세상에 태어나고 사람을 만나고 사랑을 하고 생명을 잉태하고 더없는 축복의 연속이다. 모든 걸 전부 기념하려다 보면 달력에 붉은 울타리 띠가 넘쳐날 것이다. 혹 가족들이 아나 모르나 밀고 당길 전승기념일 같은 것이 존재하는 게 사실이다.

서너 해 전 아들생일이었다. 아들의 여자 친구한테서 문자가 왔다. '혁두를 태어나게 해주셔서 어머니 감사합니다.' 순간 묘했지만 기분은 좋았다. 철없던 애가 자라 어느 한 사람에게 소중한 어떤 의미가 되었구나. 뿌듯하기는 했지만 곧 내 품을 떠나겠구나 생각하니 마음이 시렸다.

금수저니 흙수저니 자기 태생의 뿌리조차 경제적 잣대로 재단하는 세상이다. 그러나 난 단언한다. 세상에 태어난 것 자체가 축복이다. 그 수많은 경쟁자들 속에서 어떻게 살아남은 생명인지 우리는 중학교 생물시간에 똑똑히 배우지 않았던가. 세상에 고달프지 않은 사람 어디에 있으며 자기 인생 소설 한편 아닌 사람이 어디 있겠는가. 마음에 담아 두고 있는 아끼지 말아야 할 한마디.

그대가 태어나서,

그대가 나에게 와서,

그대가 건강하게 살아있어 행복하다고.

스미고, 깃들다

김창희

꾸역꾸역 물에 말아먹은 보리밥처럼 입안에서 오돌오돌 밥알이 넘어가지 못하고 잇몸 사이에 머물러 이물감을 느끼듯 살아온 날들이 개운치 않은 것 같은 이 느낌은 뭐지!

올망졸망하던 아이들이 어느새 용돈만을 필요로 할 만큼의 나이가 되고 부모의 시야에서 조금씩 멀어지려고 발버둥 칠 때 나는 하늘의 뜻을 안다는 지천명을 훌쩍 넘어섰다. 오십이면 할머니로 불렸던 내 어린 날의 쉰 살의 모습, 나는 이미 그것을 뛰어넘었다. "나였던 그 아이는 어디로 갔을까"라고 말하는 파블로 네루다는 아니더라도 '나'는 어디로 간 것일까. 나는 온데간데없고 껍질만 남은 채 지금까지도 버둥대며 살고 있다.

어느 유행가 가사에서처럼 월화수목 금금금이 내 생활인지 오래다. 그렇다고 훌륭하거나 빼어난 일들을 하는 것 같지도 않고, 바쁜 것만큼 수입이 짭짤한 것도 아닌데 바쁜 것은 남들의 두서너 배는 되는 것 같다. 강사 노릇에서부터 코칭일을 비롯해 여기저기 참견해야 하는 일들이 꽤 된다. 매일 시간이 어떻게 가는지 모르게 흘러가고 있다. 이렇게 생활하다 보니 언제 오십이 되었는지 그러고도 몇 해가 더 지나고 있는지를 잊은 채 살고 있으니 그에 대한 조급함은 덜했을지도 모른다. 하지만, 문득 돌아

보면 아! 벌써~

친정어머니는 "너랑 나랑 같이 늙어가는구나!"라는 말을 자주 하신다. 따지고 보면 친정엄마와 나는 나이로 보자면 언니 동생이 맞을 정도로 별 차이가 나지 않지만 고생을 많이 한 탓에 엄마와 나는 여느 집처럼 엄마와 딸로 보인다. 스무 살엔 20km의 속도로 서른엔 30km, 오십 줄을 넘어서면 나이의 속도보다 더 빨리 시간이 흐른다고 하더니 하루하루가 어쩌면 이렇게 도둑맞은 것처럼 속절없이 흐르는 것인지.

스피노자의 말처럼 내일 지구가 멸망하더라도 오늘 나는 사과나무를 심어야 하는 건가. 전에 없던 조바심이 마흔에 앓았던 대상포진처럼 번져온다. 그 조급증은 관조하던 삶에서 이루어놓아야 할 삶으로 변화하고 있는 걸 느끼게 한다. 가끔씩 이런 생각을 해 볼 때가 있다. 하루살이의 인생은 하루일까. 우리의 삶도 어느 관점에서 보면 하루를 길게 늘어뜨려 놓은 것은 아닐까. 뭐 이런저런 생각에 골몰할 때가 있는데 생각은 누구나 자유라고 하니 내 생각이 맞다 고 우겨볼 일이다. 하루살이의 하루와 내 일생의 전부는 같을 거라고. 무심코 지나다 밟힌 개미는 자기의 운명을 알고 있었을까? 밤새 소리 내어 울어대는 귀뚜라미는 그러다 스러질 줄 알고 있을까? 그렇다면 나는? 알고 있을까.

이런 잡다한 생각들이 많이 드는 것을 보니 나이를 먹긴 하는 모양인데. 한 가지 더 중요한 것은 언제부터인지 나이 얘기를 자꾸 하게 된다는 것이다. 얼마 전 학습동아리 모임에 참여할 일이 생겼다. 대표를 선출해야 하는데 나를 대표로 추대했다. 추대를 거부하는 내게 돌아온 이유가 제일 연장자여서라는 것이다.

경로우대! 아! 이런 씁쓸함이여!

바람이 내 집으로 온지 십여 년이 지나고 있다. 아들 녀석이 동생 타령을 하던 참에 데리고 들어왔다. 태어나 제 어미 품에서 떨어져 애견샵에서 새둥지를 기다리고 있던 놈이다. 애견샵의 폐업으로 알고 지내던 분이 모두 분양되고 마지막 한 마리 남은 녀석을 내 집으로 보내오게 되었다. 남편이 강씨 성을 쓰다 보니 이름을 바람이라 지었다. '강바람'

언제부턴가 맑았던 눈동자에 백태가 끼어 탁해 보이더니 며칠 전부터는 정해진 곳에 똥을 누지 않고 엉덩이에 질질 매달고 다닌다. 기억을 잘 못하는 상황이 된 것 같다. 사람으로 치면 벌써 일흔 살이 넘었다. 아기로 내 집에 들어왔을 때는 그다지 높지 않은 러닝머신 위에도 올라가지 못해 사람 손을 이용해 올려줘야 했다. 겅중겅중 뜀박질에 수컷의 본능으로 베개마다 몹쓸 짓을 하던 시기를 지나 다시 러닝머신 위에 오르지 못하고 있다. 관절이 좋지 않아 웅그리고 앉아 사람 눈치만 살핀다. 사람이나 동물이나 나이가 드는 것을 막을 길은 없다. 털 날린다고 털 빠진다고 살가운 정을 주지 않았다. 똥 치우는 일이며 목욕시키는 일, 털 깎이는 일들이 모두 다 번거롭고 싫었지만 아들놈이 동생처럼 챙기며 좋아하니 그저 묵인하고 있을 뿐이었는데 요즘 들어 바람이를 쳐다보는 일이 잦아졌다. 안쓰럽고 측은하고.

퇴근하면 벨소리를 듣고 어그적거리며 문 앞까지 나와 전에 없던 짓을 한다. 힘없는 꼬리를 살레 흔들며 반가움의 표현을 한다. 퇴근을 하건 말건 제 집에 눌러앉아 본체만체하던 녀석이 몇 번 보듬었더니 변한 것이다. 진즉 더 보듬어 스며들었을 것을 싶다. 할아버지가 된 바람이가 이제야 가족으로 느껴지니 나도 참 나다.

스미고 깃드는 것, 이해하고 보듬는 것에 인색했던 시절이 지나 이제야 스며들고 깃들어야 잘살아낼 수 있다는 것에 눈떠가고 있다. 동동거리고 바쁘다며 미뤄왔던 일을 들춰내어 봄 향기에 깃들게 해보자.

따스한 온기가 냉기에 스며들어가고 있다.

"나였던 그 아이는 어디로 갔을까"

난 쟁탈전

임순분

베란다 문을 열자 맨 먼저 코끝으로 상큼한 인사를 건네며 꽃이 폈다. 옥화란 다섯 꽃대가 봄을 열어 놓을 참인가 보다. 알람을 울리듯 올해도 여지없이 내 생일 즈음에 맞추어 촉을 띄우고 별처럼 반짝거리는 꽃잎을 세상에 내놓았다.

10년 전 내 생일날, 남편은 고운 난 화분을 들고 집안에 들어섰다. 점심을 준비하던 나는 화분을 보며 얼른 거실로 뛰어가려던 참이었다. 그런데 먼저 반색하며 남편을 반긴 것은 어머니였다.

"고맙다. 날 위해 이렇게 꽃을 다 사왔나?"

저리도 반기는 선물이 분명 내 것인데 좋아하는 어머니의 모습에 나설 수 없어 스르륵 주방에서 서성이고 있었다.

"뭐 해?"

일주일 만에 만난 남편은 괜스레 다정한 목소리로 말을 붙이며 부엌을 기웃거렸다. 그러더니 생일을 축하한다는 말 대신 슬쩍 내 손을 잡아주고는 다시 어머니 곁으로 갔다. 두 모자가 사이좋게 서로 난을 가운데 두고 향기를 맡느라 코를 대고 있는 모습을 보니 난에 대한 마음을 접을 수밖에 없었다.

남편은 육남매의 맏이다. 하늘이 내렸음직한 효자라고 시부모님은 늘 입에 침이 마르도록 칭찬을 하셨다. 효자 아들의 아내로 서른 해를 넘게 살다 보니 시어머니와 남편의 다정한 모습이 눈에 거슬리기는커녕 그 사이를 인정하며 받아드리기로 마음먹었다.

육순의 남편은 팔순의 노모에겐 한 번도 마음을 거슬리지 않았다. 대동아전쟁에 나선 지아비대신 어린 아들을 의지하며 산 오 년의 세월이 모자에게는 어느 누구도 침범 못할 두터운 울타리로 엮였을 것이다. 그 울타리 너머를 그냥 바라본다해도 정은 각각 다른 모습을 하고 있을 거라는 이해를 앞세우고자 했다.

햇살 좋은 어느 날 어머니는 당신 혼자 좋은 향기를 맡기가 미안하신지 점심상에 앉은 내게 꽃을 보여주셨다.

"어머니, 동양난이라 향이 너무 좋아요." 어려운 시어머니라 자잘한 대화보다는 으레 생활에서 오고가는 이야기가 고작이었다. 그래서 절간 같은 집이었다. 그런 고요한 일상에 남편이 난을 안고 들어오는 순간, 향기로운 기운이 꽃으로 활짝 피어났다. 일체유심조, 모든 것은 오로지 마음이 지어낸다고 하지 않았던가.

난을 통해 두 여인은 각자 자기만족에 도취하며 지냈다. 고생해 키운 아들이 제 식구에게만 살가워 평소 서운했을 어머니께 꽃을 좋아하는 당신을 잊지 않고 아들이 선물한 것에 감격하셨을 터다. 비록 바로 내가 전달받지는 못했지만 잊지 않고 생일선물을 안고 들어온 속 깊은 마음만 저장하기로 했다. 무뚝뚝한 남편이 가져다 준 난 화분 하나가 어머니와 며느리를 각자 착각에 빠질 만큼, 딱 그만큼의 행복을 절반 씩 나눠주었다는 것이 고맙기만 하다.

어른을 모시는 며느리 입장에 제 생일이라고 마음 놓고 미역국을 끓이며 수선을 피울 수 없는 시절이었다. 남편은 시어머니가 받아 놓은 난을 대신해 그 날 밤 내게 다정한 말로 생일 축하의 말을 전했다.

한 해도 빠지지 않고 내 생일 즈음이면 꽃을 피워주는 난이 그저 대견스럽기만 하다.

"아무래도 올해는 분갈이를 해 줘야겠어요. 난이 비좁다고 몸살을 하네요."

결국 전문가의 손을 빌려 난은 두 집으로 식솔을 늘렸다. 분가를 해놓고 보니 두 화분은 사진을 박은 것처럼 똑 닮아 있었다. 화분을 다시 베란다에 정착시키며 맨 먼저 떠오른 얼굴이 고인이 되신 어머니다.

"어머니, 둘 중에 하나 골라 보세요?"

생전처럼 어머니께 화분을 권해 본다. 내 생각에 어미 난을 어머니 걸로 하고, 대를 이은 새색시 난을 내 것으로 할 참이다. 오늘에야 십 년 전 어머니의 맏아들이 들고 온 난분 하나를 서로 "내 것" 하던 마음의 갈등은 스르륵 풀어졌다.

여느 날보다 햇살 좋은 아침이다. 일조량이 좋아서인지 우리집 실내화단은 일 년 내내 꽃이 번갈아 가며 핀다. 이른 봄을 장식하던 탐스러운 동백이 바닥에 핏빛으로 떨어져 제 갈 길로 갔다. 그 틈에 이제 난들이 서로 다투기라도 하듯 꽃대들이 죽순처럼 올라왔다.

두 화분에는 식구가 모두 다섯이나 되었다. 올해는 어머니 난에 꽃대가 세 개나 올라왔다. 내 화분에도 두 대나 벌어졌다. 그 찰나에 다섯 아이들 얼굴이 떠오른다. 곧 있을 내 생일에 올 며느리에게 난을 분양해 주면 뭐라고 할까.

"어머니, 이 화분이 제 것인가요?"

난 꽃을 받아들며 좋아할 며느리를 떠올리면 벌써 마음이 급해진다. 그런 고부를 흐뭇하게 바라보며 어쩌면 아들은 자기 몫은 없다고 투덜댈지도 모른다. 하지만 그 투정조차 두 눈 딱 감고 기분 좋게 들어주고 싶어진다.

어쩌면 난 쟁탈전은 지금부터 시작일지도 모르겠다.

찢어진 가방에게 물어봐야지

윤미경

누군가는 "한사람의 일생은 결국 응축된 그러나 찰나로 포착된 몇 개의 장면으로 남는다." 라고 했다.

오래 기억하고픈, 나도 모르게 슬며시 웃음 짓게 만드는 장면이 여럿 있다.

어릴 적, 외할머니가 사준 빨간책가방을 메고 다녔다. 앞줄에 섰던 나는 가방이 걸어 다닌다는 놀림을 받기도 했다. 뛰어 다니기라도 하면 그 안에 있던 공책과 필통 안에 연필들이 달그락 거리는 소리가 정겨웠다. 친구들과 고무줄놀이 중에 줄을 끊고 달아나다 엎어진 동네오빠의 뒷모습. 엄마가 사 오신 꽁치 토막을 싼 신문지에 물든 핏 자국. 툇마루 기둥에 기대 바라본 나뭇가지 사이로 반짝이던 햇살.

그런데 떠 올리기 싫은 장면도 불현듯 떠올랐다. 몸이 힘든 날이면, 간혹 악몽 속에 되풀이해서 나타나곤 하는 장면이다.

아끼던 가방이 찢어졌다. 면도칼날이 스치고 지나간 자리가 흉하다. 복잡한 정거장에서 버스를 갈아타고 발견한 일 이었다.

가슴은 콩닥거리고 전신이 후들 거렸다. 가방 안에 돈 봉투가 사라졌다. 전문 소매치기는 돈 냄새를 맡으면 인정사정 없이 면도칼을 그어 댄다고 하더니 내게 그 황당한 일이 생겼다. 주문 받은 물건 값을 결재하려고 현금을 가방에 넣어 가지고 가던 길이었다. 가방을 챙기지 못한 내 불찰을 인정하기 싫었다. 찢어진 가방 탓만 하고 핑계를 끄집어내느라 급급했다. 상처 난 마음을 달래던 날이 오래 흘러갔다.

요즘은 결재수단으로 인터넷 뱅킹이나, 스마트폰 등 간단히 해결 될 일이다. 그 시절은 현금을 주고받는 일이 당연했기에. 두둑 한 가방은 소매치기의 표적이 되었다.

가방을 고를 때 크기와 겉 재질과 안감 또는 끈의 길이 색깔과 용도에 맞는 것으로 신중히 생각하게 된다. 찢어진 가방은 가죽 재질로 주머니가 많아 편리할 것 같다며 남편이 선물로 사준 것이다. 남편은 가방에 종자돈도 한 장을 넣어 주었다. 한때는 사업이 번창하여 현금뭉치를 가득 담아 들고 다녔기에 복 가방이라 불렀다. 현금은 잃어버렸지만 찢어지면서 칼날로부터 주인을 지켜 준 공로가 으뜸이었다. 어쩌면 나와 함께 겪은 무서움을 나누고 싶었는지도 모르겠다. 한때는 복 가방으로도 불렸기에 쉽게 내동댕이칠 일은 아니었다. 수선 집에 맡겨 촘촘히 꿰맸다.

그 일을 겪은 후 외출 할 때면 가방 끈을 늘어뜨려 어깨에 걸고 배 앞으로 끌어안는 습관이 생겼다. 가방이 눈에 보여야 안심이 된다. 어느 순간 낡고 헤진 가방처럼 늘어지고 처진 뱃살을, 끌어안은 가방이 가림 막이 되기 때문이기도 하다. 그 습관으로 모임이나 저녁술자리에 한잔만 마셔도 배가 불쑥 올라오는 생맥주도 맘 놓고 한잔은 마시기도 한다.

서른 해가 훌쩍 지난 지금 명품 가방도 선물로 받기도하고, 장롱 안에 겹쳐져 있는 가방은 많아도, 비록 꿰맨 흉터로 볼품은 없지만 어디서든 내 뱃살을 감춰주고 귀중품을 지켜주려 긴장하고 있는 모습이 정겹다.

내 삶에 같이했던 친구 같은 가방이다. 내가 들거나 메고 다녔던 가방은 나와 희로애락을 함께 했다. 내게 일어나는 어떤 상황에서도 내 자리에 나를 대신해 주인이 있음을 알리기도 했다.

어깨나 손에 들린 가방에서는 내 일상에 그때그때 가장 필요한 것들이 술술 쏟아냈다. 필요한 것을 꺼내 쓰고 넣어두는 나의 비밀공간은 가끔 간이 화장대이기도 하다. 요즈음은 외출할 때도 무게가 나가는 것은 다 빼고 습관처럼 가볍게 둘러멘다.

오늘따라 희끗희끗 해져 의자에 힘없이 앉아있는 가방에게 저절로 연민의 마음이 든다. 찢어져 수술까지 하고도 나를 대변해 준 가방을 메고 선물하듯 여행을 떠나야겠다. 찢어진 가방에게 물어본다. 너도 여행 가고 싶지?

바다가 보이는 모래 언덕

김경희

언니는 예뻤다. 언니가 뽀얀 얼굴을 활짝 쳐들면 나는 버짐 핀 얼굴을 발등 아래쪽으로 반쯤 숙였다. 언니는 얼굴만 예쁜 게 아니었다. 공부도 잘하고 재주가 많았다. 반에서 1등을 놓치지 않았고 웅변이나 글짓기, 사생대회까지 늘 뽑혀나가 상을 받아 왔다. 언니가 상장을 받아오면 엄마는 일손을 놓고 함박웃음으로 덥석 안아주었다. 그럴 때마다 나는 더욱 주눅이 들어 쪽문 밖에서 손톱을 물어뜯곤 했다.

신은 누구에게나 공평하다는 말은 적어도 언니와 나 사이에는 적용될 수 없었다. 같은 뱃속에서 나왔지만 너무나 딴판이었으니까. 한쪽으로 바짝 기운 시소 같은 관계였다고나 할까. 작달막한 키에 나는 점점 움츠러들어 구석으로 밀려났다. 자잘한 슬픔이 마음속에서 떠날 날이 없었다. 그럴 때마다 나는 어김없이 아까시나무 숲으로 난 에움길을 따라 모래 언덕에 올랐다. 볼록 솟은 모래 언덕에 쪼그리고 앉아 수채화 같은 바다를 내려다보며 마음을 누그러뜨리곤 했다. 누구한테 들키지 않고 혼자서 서러움을 삭히는데 거기만큼 호젓한 장소도 없었지 싶다. 그 언덕에 되똑하게 앉아 눈 시린 푸른 바닷물에 물감을 풀듯 내 슬픔을 풀어버렸다. 모래 언덕에 앉아 빨리 어른이 되길 빌었다. 어른만 되면 그득한 서러움이 끝날 것 같았다.

불볕더위가 절정을 이루던 어느 여름 날, 나는 영문도 모르는 채 엄마한테 호되게 회초리를 맞았다. 나중에 알고 보니 언니가 장독 뚜껑을 깨뜨리고서 나한테 고스란히 덤터기를 씌운 것이었다. 언니처럼 옳고 그른 것을 따질 줄 모르는 나였다. 입 한번 벙긋 못하고 싸리나무 회초리에 깡마른 종아리를 순순히 내줄 수밖에 없었다. 매 맞은 종아리를 문지르며 발목이 옴폭옴폭 빠지는 모래 언덕에 올랐다. 넓은 세상에 내가 갈 곳이란 딱히 그곳밖에 없었다.

레이스 자락처럼 겹겹이 나풀대는 파도, 그 위로 가뭇없이 떠 있는 고깃배들. 고만고만한 섬들이 정겹게 모여 있어 포근한 바다. 늘 봤던 풍경이었는데 유난히 그날따라 바다가 나를 위해 펼쳐진 것만 같았다. 발가락 사이로 모래알이 솔솔 빠져나갈 때에 이르러 목안까지 차올랐던 서러움이 터져 쏟아졌다. 애써 참을 필요가 없었다. 아무도 몰라주는 내 서러움을 바다는 다 받아주는 것 같아 펑펑 울었다.

아홉 살짜리 계집애의 머릿속은 단순했다. 볼에 눈물이 보송보송 마를 즈음, 나는 언제 그랬느냐는 듯 모래 언덕 아래로 쪼르르 내려갔다. 해당화 열매를 따기 위해서였다. 원피스 치맛단을 한 손으로 움켜잡고 발갛게 익은 해당화 열매를 따기 시작했다. 실에 꿰어 선생님께 갖다드릴 생각이었다. 해당화 열매를 따 넣은 치맛자락이 묵직해졌을 무렵에 발등 앞쪽에서 "푸드득." 하는 소리가 났다. 놀란 나는 움켜쥐었던 치맛자락을 그만 놓치고 말았다. 해당화 열매는 와르르 쏟아져 모래 언덕 아래로 굴러 내려 갔다. 선생님의 목걸이가 끊어져버린 것 같았다. 꿩이었다.

꿩이 날아간 자리를 살펴보니 알 세 개가 나란히 놓여있었다. 만져 보니 따뜻했다. 방금 낳은 것이었다. 순간 황금알이라도 발견한 것처럼 가슴이 콩닥거렸다. 그걸 집에 들고 가면 엄마한테 칭찬을 받을 것만 같았다. 뭐 하나 뾰족하게 잘하는 게 없던 나는 칭찬 한번 받아보고 싶어 얼마나 마른침을 삼켜왔는지 모른다. 원피스 자락을 벌려 아직 온기가 남은 꿩알을 주워 담았다. 참새 알보다 큰 꿩알은 내 손에 꽉 찼다. 황급히 언덕을 내려오기 시작했다. 매서운 회초리의 기억은 까맣게 잊은 채 꿩알을 내밀면 분명 흐뭇한 미소로 반겨줄 엄마의 얼굴이 떠올랐다. 그 기회에 뒤꿈치 떨어진 운동화 얘기도 해볼 참이었다.

그런 내 생각을 막무가내 헝클어뜨린 것은 꿩의 출현이었다. "꿩꿩꿩." 그 소리는 평소 뒷산에서 듣던 꿩 울음소리가 아니었다. 자기 알을 내놓으라며, 당장이라도 내 뒤통수를 찍을 듯 다급하게 달려드는 소리였다. 나는 꿩알을 돌려주기 싫었다. 꿩알을 통해 언제나 언니 차지였던 식구들의 사랑을 한 번만이라도 빼앗아 보고 싶어서였다. 손에 땀이 배도록 꿩알이 들린 치맛자락을 꼭 움켜쥐었다. 불볕에 뜨겁게 달아오른 모래알은, 꿩알을 싸들고 내려오는 내 발바닥에 따갑게 달라붙었다. 숨이 콱콱 막히고 모래밭에 털썩 주저앉을 것만 같았다. 그래도 나는 앙칼지게 달려드는 꿩 소리를 모질게 뿌리치며 내달았다. 아까시나무와 해당화 가시에 종아리는 수없이 긁혔다. 따끔거리는 맛이 엄마한테 회초리를 맞을 때와 똑같았다.

언덕을 다 내려왔다. 샛길을 따라 모퉁이만 돌면 우리 집이었다. 숨고르기를 하며 핏방울이 맺힌 종아리를 문질렀다. 울부짖으며 따라오던 꿩 소리가 더는 들리지 않았다. 비로소 움켜쥐었던 치맛자락을 풀어봤다. 꿩알 세 개가 그대로 있었다. 그때 불현듯 머리핀 하나를 언니한테 빼앗기지 않으려고 손을 꼭 오므리고 울면서 버텼던 생각이 났다. 기어이 손에서 핀을 빼앗고 말던 언니의 얼굴이, 그다음엔 장독 뚜껑을 깨뜨려 어쩔 테냐고 나를 다그치던 엄마의 얼굴이 연달아 떠올랐다. 순간 어미 꿩의 눈에는 내가 우리 언니처럼 보일 거라는 생각이 들었다.

나는 다시 꿩알을 들여다보았다. 꼭 나를 보는 것 같았다. 눈물이 쏟아졌다. 꿩알이 들린 치맛자락을 꼭 쥔 채 모래 언덕에 다시 오르기 시작했다. 해당화 열매가 발갛게 익은 자리에 꿩알을 도로 내려놓았다. 행여나 누가 꿩알을 가져갈까 걱정되어 넓은 잎으로 덮어주었다. 꿩알을 내려놓고 함빡 젖은 이마의 땀을 닦느라 고개를 들었다. 솜털 구름 사이로 청명한 조각하늘이 내려다보고 있었다.

사는 데는 고만고만한 슬픔이 누구에게나 있는 걸까. 어른이 되어서야 슬픔은 완전히 끝나는 것이 아니라는 걸 알았다. 이따금 일상에서 슬그머니 도망쳐 혼자이고 싶을 때가 있다. 그럴 때면 나는 어린 날의 서러움을 풀어주던 모래 언덕을 생각한다. 머릿속에 모래 언덕을 그리며 철저히 혼자가 된다. 바다가 보이는 모래 언덕, 내 어린 날의 애잔한 추억이 고스란히 남아있을 그 언덕이 그립다.

책을 읽는 남자

성윤숙

순전히 그날 먹었던 '장터 맛 치킨' 때문이었다. 그는 닭을 튀기며 책을 읽고 있었다. 무더운 날씨에 별로 크지도 않은 동네 마트주차장에서 닭을 튀겨서 팔려고 했을 때의 심정이 얼마나 절박했을까를 생각해본다.

몇 년 전 어머니를 뵈러 친정으로 내려가는 길에 작은 면소재지 장터에 때마침 오일장이 열렸었다. 장터 난전이 후끈 달아오를 시간대인지 시끌벅적했다. 어머니께 드릴 간식거리를 찾으며 두리번거리다가 드럼통을 잘라 만든 화덕 위에 가마솥을 얹어놓고 튀김 닭을 팔고 있는 길표치킨이 눈에 띄었다. 미심쩍기는 했지만 두 마리를 사서 서둘러 장터를 빠져나왔다. 입이 짧으신 어머니가 오랜만에 맛있게 드셨다.

문제의 그날도 튀김 솥단지 앞에 걸린 현수막에는 '옛날 장터 맛' 이라는 광고가 크게 쓰여 있었다. 사실 내 지갑을 열게 한 원인도 어머니와 먹었던 그 기막힌 맛을 떠올리게 한 '장터 맛'이라는 광고문구 때문이었다.

원래 마트 입구의 주차장 귀퉁이에는 당일하루 가격을 저렴하게 낮추어 판매하는 세일 상품을 진열해놓는 자리였다.

그날은 체격이 다소 왜소해 보이는 중년의 아저씨가 닭을 튀겨서 팔고 있는 게 아닌가. 평소 같으면 그런 건 아예 쳐다보지도 않고 지나쳤을 일이다.

그런데 웬일로 모란이 그려져 있는 양은쟁반 위에 엎어져 있는 누런 튀김 닭을 곁눈질하며 마트 안으로 들어간 것이다. 참 드문 일이었다, 내가 기름진 음식에 눈독을 들인다는 것은.

생필품을 고르면서 수없이 갈등했다. '옛날 장터 맛'이라고 강조한 저 치킨을 살 것인지 말 것인지를. 그러면서 이미 살 물건과 주머니의 현금을 은근슬쩍 계산해보기까지 했던 것이다.

구입한 물건을 배달시키고 주차장으로 나와 가격을 물어보았다. 시간이 얼마 남지 않아서인지 현수막의 가격보다 저렴하게 불렀다. 그 말을 하면서 내 눈을 피한다. 무슨 말 못할 사정이 있어서 내성적인 저 성격으로 이렇게 볼품없는 변두리의 마트마당에서 닭을 튀겨서 팔려고 했을까.

그의 손놀림은 장사를 시작한 지가 얼마 되지 않았는지 서툴러보였다. 저 자리를 비집고 들어가 대신 팔아주고 싶은 생각마저 들었다.

주문한 치킨을 2차로 익히는 과정, 그 짧은 순간에 보았던 모습이 나를 울컥하게 만들었으며 이렇게 책상 앞으로까지 불러들이게 했다. 펄펄 끓는 기름솥단지에 초벌로 튀겨놓은 닭을 넣은 뒤 한 발짝 물러나서 읽다만 책을 펼쳐들었다. 연신 아이스박스의 얼음을 꺼내 먹으며.

이글거렸던 해는 넘어갔지만 아스팔트의 열기가 남아있었고, 사람들이 드나드는 시끄러운 주차장에서 글이 눈에 들어왔을까.

치킨장수와 독서.... 내가 울컥했던 건 고단한 삶을 살아봤었던 동질감 때문이 아니었을까 싶다. 그는 무더위 속에서 가족을 지켜내고 있었던 것이다.

뿔테안경을 쓴 학구적인 그의 모습에서 내가 아는 어떤 한 사람의 얼굴이 오버랩 되었다.

그도 일을 하며 틈틈이 책을 읽는 사람이다. 젊은 날 신춘문예를 꿈꾸며 습작해놓았던 아름다운 글들을 기억하고 있다. 위기를 넘기면서도 휘청거리긴 했지만 부러지지 않았던 사람, 단순히 책을 읽었다는 그 자체가 아니라 꿈을 포기하지 않고 살아가는 모습이 감동적이기 때문이다. 오늘 내가 그 마음이 되어본다.

갓 저고리

송주형

이북이 고향인 어머니는 만석꾼의 며느리로 세 장의 갓 저고리를 갖고 있었다. 북에서 피난을 나오면서 많았던 재산을 모두 놓고 빈 몸으로 떠나야 했다. 피난길에서도 여자로써 꼭 챙기고 싶었던 것인지, 아니면 몹시 추워서 꼭 입어야만 했는지는 알 수 없지만, 세 장을 모두 가지고 피난을 왔다.

갓 저고리란 방한용으로 저고리 안쪽에 양털을 넣어서 만든 것이다. 섶과 동정에는 족제비 털로 마무리를 하여 한껏 멋을 부린 저고리이다. 조상들의 지혜도 숨어 있다. 저고리 전체를 동물의 털로 만들다 보니 무거워 활동하기 불편한 점이 많았다. 그 점을 보완하기 위하여 안감 속에 심감으로 닥종이를 사용하여 붙였다. 가볍고 옷의 뒤틀림과 장마철 습기 제거의 문제점을 보완한 초 과학적인 저고리이다. 요즈음 옷맵시로 보면 반 밍크코트 정도 되지 않을까 생각한다.

처음으로 정착한 곳은 백령도였다. 섬 주민은 모두 바다에 의식주를 얻으며 살아가는데, 어머니만큼은 바다에서 그 어떤 것 하나도 얻을 수 있는 능력이 없었다. 끼니마다 주린 배를 채우는 것이 큰 고통이었다. 살아갈 궁리 끝에 배를 한 척 사서 먹을 것부터 해결해 보자는 생각을 했다.

섬에서 배를 제일 많이 갖고 있다는 선주를 찾아가 배를 사려 홍정을 하고 있던 날 이었다. 옆에서 그 모습을 바라보고 있던 선주 부인이 어머니가 입고 있던 갓 저고리를 입고 싶어 주위를 맴돌며 눈을 떼지 못했다. 배 흥정은 끝났으나 치러야 할 돈이 없었던 어머니는 끼고 있던 금가락지 한 쌍을 건네었다. 선주는 너무 적어서 배를 팔 수 없다고 했다. 더는 값을 치를 것이 없어서 난처해하는 어머니에게 선주는 뜻밖의 말을 했다. 그 저고리를 벗어 놓고 갈수 있냐는 제안이었다. 어머니는 한순간의 머뭇거림도 없이 선주 부인에게 입고 있던 갓 저고리를 그 자리에서 벗어 주었다. 배를 샀다는 기쁨에 외간 남자 앞이라는 부끄러움도 한 겨울이라는 추위도 잊었다. 선주 부인이 입던 한 여름 낡은 적삼을 받아 입고도 마음이 뜨거워졌다고 하셨다. 너무 좋아 덩실덩실 춤을 추며 고개 넘어 집으로 돌아오던 날 아끼던 갓 저고리 생각은 저 멀리 달아났다. 가족들에게 끼니 걱정을 덜어줄 수 있다는 희망에 집으로 달렸던 어머니의 그날을 생각하니 목젖이 떨려온다.

사 가지고 온 배를 전혀 다룰 줄 몰랐던 어머니는 원주민 품팔이 아저씨 한 분을 고용 하였다. 무작정 바다에 나가서 그물을 치고 기다렸다. 그물을 걷어 올리기를 수차례 반복하여 잡은 고기들은 무조건 끓는 물에 넣고 죽을 끓였다. 식구들의 배를 불려 주는 것만으로도 행복하고 즐거운 하루하루였다고 회상하셨다. 그 배는 스물세 명 식구의 생명줄이 되었다. 모두를 굶주림으로부터 벗어날 수 있게 해주었다. 나중에는 우리 형제가 학교에 다닐 수 있을 만큼의 윤택한 생활에 밑거름이 되어준 보배와 같은 배였다.

두 번째 갓 저고리의 이야기이다. 유격대장으로 산 속에서 공산군과 전투를 벌이던 아버지가 허벅지에 총상을 입고 집에 돌아오셨다. 제대로 된 치료를 받지 못해 허벅지에서는 피고름이 났다. 또한 소독을 제대로 하지 못하자 상처에서는 구더기가 기어 나오더니 급기야 혼수상태에 이르게 되었다. 북쪽에서 의과대학을 다녔던 고모가 "페니실린 주사 한번이면 살릴 수 있을 텐데" 하는 말을 듣고 섬 전체 의사와 군부대 그리고 보건소를 찾아다니며 딱 한번 맞을 수 있는 페니실린을 구하였다. 약은 구했으나 이번에도 약값을 치를 돈이 문제였다. 돈을 구하지 못해 쩔쩔매는 엄마에게 상대방은 "딱한 사정을 보아 약은 그냥 드릴 테니. 그 입고 있는 저고리나 벗어 놓고 가쇼. 마누라나 갖다 주게"라고 했단다.

그 후 아버지는 동전 크기만큼의 상처를 허벅지에 남기게 되었지만, 걷는 데는 전혀 지장이 없을 만큼 나으셨다. 페니실린의 무한한 힘에 놀랐다. 도대체 갓 저고리 한 개의 값어치가 얼마인데 배 한 척을 살 수도 있고, 항생제 주사약 몇 미리와도 바꿀 수 있는 것인지 그 당시 상황을 정확히 알 수는 없는 나로서는 판단이 되질 않는다. 상황에 따라 간절함의 무게는 가늠할 수 없는 것이기에.

마지막으로 남은 갓 저고리는 어머니의 유일한 위안이며 부의 상징이고, 여자의 자존심이었다. 매해 겨울이면 입어 소매 끝, 동정 끝은 다 헐었지만 굳이 버리기를 거부하셨다. 돌아가시기 달포 전쯤, 갓 저고리를 세탁해서 여름을 나기 위해 땀띠분을 발라 곱게 상자에 넣으며 "이 갓 저고리를 어디 박물관 같은 곳에 기증하고 싶은데, 너무 낡아서 받아줄까?" 말씀 하셨다.

우리는 어머니가 돌아가신지 삼 년이 지난 지금 박물관에 기증하려 서류를 준비하고 있다. 한 여인의 소모품 이였던 갓 저고리가 우리 가족에게는 목숨 줄로 먹여 살려 주었고, 한 가정의 가장을 살려 주는 밑거름이 되었던 갓 저고리의 무한한 힘에 놀라고 경이로움까지 느낀다.

어머니의 얼굴이 그리울 때마다 갓 저고리를 꺼내 보곤 했는데, 이제부터는 어머니를 만나러 박물관에 가야 될 것 같다.

맨발의 여인

안해영

칼바람이 유리문을 밀고 들어왔다. 며칠 동안은 영상의 기온과 함께 바람도 없이 따사로운 햇살이 들었는데 갑작스런 추위로 몸이 더 움츠러들었다. 마음속에 이미 봄이라는 느낌이 먼저 자리 잡고 있었나 보다.

젊은 여자가 발가락을 아이젠처럼 구부리고 노래방으로 들어왔다. 집에서 입고 있던 옷 그대로 뛰쳐나온 듯 계절에 맞지 않은 얇은 옷차림새며 금방이라도 떨어질 듯 눈가에 눈물이 그렁그렁했다.

"어디 빈 방··· 아니···들어가서 함께 노래 부를 남자···없어요?"

그 행색에 남자와 함께 노래 할 방을 찾다니. 편견이 고개를 들었다.

"여기는 그런 곳이 아닌데요."라는 내 말에 잘 알고 있다는 듯 고개를 끄덕이면서도 빨리 방에 들어가기를 바라는 눈빛이었다. 맨발을 한 여인의 몸에 한기가 묻어와서인지 가게 안도 더 춥게 느껴졌다. 여인은 눈을 내리 깔며 발가락을 다시 오그렸다. 슬리퍼라도 신을 수 없냐고 신호를 보내오는 듯 했다. 발이 얼마나 시릴까. 신발장에서 겨울용 슬리퍼를 얼른 꺼내 그녀에게 주었다.

슬리퍼를 신은 그녀의 동공에 금방 생기가 보였다. 슬리퍼를 신자마자 꼭 돌려줄 것 같은 표정을 지으며 그녀는 어둠을 뚫고 추위 속으로 사라졌다.

이 같은 여인들이 가끔 가게에 온다. 혼자 저녁 늦은 시간 오는 여인들의 대부분은 뭔가 석연치 않은 사연을 가슴에 안고 오는 것 같다. 언젠가 아주 앳되어 보이던 아가씨도 펑펑 울면서 노래를 불렀다. 울고 있는 그녀의 마음을 다칠까 조심스러워 테이블에 티슈를 살짝 올려놓고 나왔다. 사랑하던 연인과 이별이라도 한 것일까. 슬픈 멜로디만 선곡해 부르는 그녀의 목소리에 나도 울적해졌다. 따뜻한 차 한잔 이라도 건넬까 생각하는데 문이 열렸다. 티슈 고마웠다며 이야기를 꺼냈다.

"엄마 장례식을 치르고 왔거든요. 집에 있으려니 맘이 허전하여 노래라도 불러야 속이 풀릴 것 같아서 왔어요."

생전에 속 썩여드린 것만 생각난다며 또 울먹였다. 나 또한 어머니 생각이 나면 노래라도 부르며 그리움을 토해내고 싶은 생각이 들 때가 있다.

봄기운이 한창이던 날 예쁜여자 두 명이 들어왔다.

"저 알아 보겠어요?" 한 여자가 주춤거리며 인사했다.

한참을 쳐다봐도 기억이 나질 않았다. 웬만하면 한 번 본 사람은 머릿속에서 지워지지 않는데 기억이 나지 않았다. 일행을 룸으로 들여보내고 내 앞에서 머뭇거리던 그녀가 조그만 목소리로 말했다.

"전에 저에게게 주셨던 슬리퍼를 못 가져 왔네요."

그 춥던 겨울밤 홀연히 어둠 속으로 사라졌던 그녀가 화사한 봄꽃처럼 변해 금세 알아볼 수 없었다. 내 눈앞에 나타나서 알아 볼 수 없었다. 그 추웠던 날, 말없이 사라지던 그녀의 등 뒤로 느껴지던 삶의 무게들이 가벼워진 것 같아 무엇보다 반갑고 기뻤다.

그해 여름 맨발의 그녀가 가게에 다시 왔다. 노래를 부르러 온 것이 아니라고 멀리 떠나게 되어 인사차 들렀단다. 평택으로 가는데 언제 다시 올지 모르겠다고 한다. 섭섭한 마음이 들어 그녀와 커피를 마시며 무슨 일로 평택까지 가느냐고 물어보았다. 이곳은 자신이 나고 자란 고향이라고 했다. 한동안 마음이 많이 아팠는데, 이제야 홀로서기를 할 수 있게 되어 의류가게를 평택에서 운영하게 되었다고 했다.

지난 명절에 우리 가게에 가끔 오는 커플과 그녀가 함께 왔다. 깜짝 놀라 어떤 사이냐고 물으니 초등학교 동창이라고 했다. 그녀는 세 사람이 마시기에 과하다는 생각이 들 정도의 음료를 주문했다. 음료 값을 지불하던 그녀 친구가 핀잔을 하는데 나를 바라보는 그녀 눈빛에 알 수 없는 표정이 서렸다. 슬리퍼를 건네주던 그날에 대한 우정같은 표정으로 느껴졌다.

그 추웠던 날 맨발로 아이젠 같은 발가락을 차가운 땅바닥에 꽂고 있다가 건네준 슬리퍼를 신고 황급히 나갔던 여인. 그 날 왜 그렇게 슬픈 모습의 맨발로 왔었냐는 말은 끝내 물어보지 않았으나, 홀로 자신을 건강하게 세워가는 모습에서 미루어 짐작할 수 있었다.

여자들은 맨발의 여인 같은 슬픈 사연을 안고 있으면서도 감추고 사는 경우가 많다. 겨울날의 맨발처럼 차갑고 한스런 사연을 안고 혼자 오는 여인들의 대부분은 마음에 쌓인 슬픔을 노래를 부르면서 풀어낸다. 주인인 나도 가슴에 한이 스밀때는 노래가 부르고 싶어진다.

특별한 휴가

최선자

여름 휴가철이 다가온다. 사람들은 더위를 피해 산과 바다로 떠날 것이다. 고속도로가 주차장이 되어도 연례행사처럼 되풀이 하는 것을 보면 즐거운 여행임이 틀림없다. 일상에서의 탈출은 시원한 청량음료 같다. 몸과 마음이 지칠 대로 지친 적이 있었다. 일상을 훌훌 털고 단 하루만이라도 여행을 가봤으면 더 바랄 것이 없을 정도였다. 그 막막한 세월의 강을 건너던 때를 생각하면 아직도 눈시울이 뜨거워진다.

수술을 받고 일상에서 벗어나 빈집에 혼자 있다. 뜻밖에 주어진 특별한 휴가다. 지난겨울, 전철역에서 넘어져 왼쪽 무릎을 다쳤다. 다음 날 찾은 병원에서 타박상이라는 의사 말에 대수롭지 않게 생각했다. 하지만 시간이 지나도 조금만 무리하면 무릎에 통증이 왔다. 결국, 4개월이 지나고 대학병원에서 수술을 받았다. 긴장이 풀린 탓인지, 약 기운 때문인지 퇴원하고 집에 돌아와 잠의 늪 속에 빠졌다. 동면하는 곰처럼 한 달 내내 잠을 잤다. 그사이 풋풋한 사춘기 아이 같던 연둣빛 나뭇잎은 초록으로 변했고, 요염한 애첩 같은 덩굴장미가 울타리 넘어 누군가를 기다리다 지쳐간다. 내 오십 대의 마지막 오월을 무릎이 훔쳐가 버렸다.

유월까지 도둑맞을 수 없어서 잠에서 깨어났다. 집안일도 할 수 없으니 그야말로 하루가 온통 내 시간이다. 그동안 미루던 기말시험 공부를 먼저 시작했다. 벌겋게 녹슨 머리가 방해하지만, 여전히 배운다는 것은 즐거운 일이다. 공부가 싫어지면 텔레비전을 켜고 영화를 본다. 전공과목을 생각하며 일제 강점기 소설을 영화화한 작품들도 관람한다. 나만의 상상을 가미할 수 있는 독서도 좋지만, 영상으로 보는 것도 좋은 것 같다. 손녀에게 물려준 피아노 앞에서는 추억에 빠진다. 빛바랜 그리움이 여전히 서성인다. 친구들과 손끝으로 수다를 떨기도 하고, 책장에서 잠든 책을 깨워 활자 속을 유영한다. 다 시들해지면 인터넷의 바닷속으로 빠져든다. 긴 세월 동동거리며 살아서인지 천국이 따로 없다. 하지만 천국에도 변수가 있다.

수술 후 네발이 되었다. 휴가의 훼방꾼이 생긴 것이다. 탁, 탁... 새로 생긴 두 발이 앞서가면 오른발과 왼발이 따라간다. 온 집안 바닥재가 마루이다 보니 조마조마하다. 아무리 조심해도 목발은 소리를 낸다. 층간소음으로 이웃이 원수가 되기도 하는 세상이다. 아랫집에 폐가 될까 봐 신경이 쓰인다. 어린 손녀가 있어도 소음분쟁을 겪어보지 않았는데, 집에서 가장 어른인 내가 말썽이다. 역시 휴가는 집을 떠나야 제격인 것 같다.

나는 휴가에 대중교통을 이용해 혼자서 여행을 다닌다. 사람 냄새가 물씬 나기 때문이다. 통영여행에서 겪은 일이다. 사량도 선착장에서 섬을 일주하는 마을버스를 탔다. 차창 밖의 풍경은 장관이었다. 쪽빛 비단 같은 바다에 굴 양식장의 부표들이 백련처럼 떠 있었다. 감탄사를 연발하며 차창에 렌즈를 대고 사진을 찍어댔다. 운전기사 할아버지가 도로 한복판에 떡하니 차를 세우더니 내려가서 찍으라고 했다. 사랑도 출렁다리가 정면의 산꼭대기 바위에 아슬아슬하게 걸쳐 있었다. 차 밖으로 나가 몇 번 셔터를 누른 뒤, 미안해서 고개를 못 들고 승차했다. 정글 아닌 초원은 달랐다. 열서너 명의 노인 승객들은 무슨 일이 있었느냐는 표정이었다. 가슴 셔터도 눌렀다.

지체장애인들의 고충을 조금은 알 것 같다. 그동안 건강한 육신으로 살았다는 것이 얼마나 큰 축복인지 새삼 깨닫는다. 다리는 반백년이 넘도록 가고자 하는 곳이면 어디든 데려다주었다. 삶의 언덕을 오르던 인고의 세월에는 온종일 서 있다 보면 퉁퉁 부었다. 부기가 심해서 신발이 맞지 않은 날도 있었다. 그래도 미안함도 고마움도 몰랐다. 내 아이들을 위해서라면 다리쯤 아무래도 상관없었다. 그것이 얼마나 무모한 짓이었는지 이제야 알았다. 이번 기회에 다리도 휴가를 주고 싶어서 될수록 목발에 의지한다.

다리의 고마움을 몰랐듯이 가장 가까이에 있는 사람에게 무심했다. 부모님이니까, 남편이니까, 자식이니까 매사 당연하다고만 생각했다. 엄마도 남편도 먼 길을 떠나고 나서 깨달았다. 자식들은 주위에서 효심이 깊다고 칭찬해서야 알았다. 정작 내가 저지른 불효는 까마득히 잊고 있었다. 얼마나 자신에게만 관대한 이기적인 사람이었는지 뒤늦게 알아간다. 자신을 돌아볼 줄 모르고 앞만 보며 달려왔다. 지나온 세월 어디쯤 인생의 휴가를 즐길 수 있었다면 어땠을까. 달라졌을지도 모른다는 생각이 들지만 나를 위한 변명일 게다.

이제 숨 가쁜 달리기를 멈추고 유유자적 걸어가고 있다. 막막

하기만 하던 강을 묵묵히 건너온 보람이다. 그토록 하고 싶었던 공부를 할 수 있고, 맘먹으면 언제든 여행을 떠날 수 있다. 내 인생에서 휴가를 즐기고 있는 셈이다. 다리가 준 특별한 휴가가 미처 깨닫지 못하고 있던 인생의 휴가철임을 알려준다.

누에는 넉 잠까지 자고 일어나야 비단 실로 고치를 짓는다. 예순의 문 앞에 선 나는 지금 몇 잠을 잔 것일까. 아직 비단 실로 고치를 짓기에는 역부족이니 분명 넉 잠은 아닐 것이다. 석 잠, 아니 넉 잠을 자고 있는지도 모른다. 머지않아 잠에서 깨어나면 비단 실이 술술 나와 고치를 지을 것이다. 언젠가는 내가 베틀이 되어 비단을 짜는 날이 오리라.

'인생은 육십부터'라는 말을 믿고 싶다.

마음을 일구는 부자

윤영순

어린 손님이 고개를 내밀었다. 며칠 전, 방울토마토와 참외씨앗의 촉을 내어 흙을 덮어 주었던 녀석들이다. 머지않아 고구마와 다른 싹들도 올라오면 베란다는 더욱 푸른빛으로 가득하리라.

퇴직 후 남편은 농사일에 재미를 붙였다. 저수지 둑방 밑에 자그만 밭을 얻어 시작했지만, 별 기대는 하지 않았다. 막내로 자라 호미자루 한번 잡아본 일이 없었던 사람이다. 밭일을 하고 들어오는 날은 손바닥에 물집이 잡히고 등에서는 파스냄새가 떠나지 않았다. 이제는 주위에서 농사 잘 짓는다고 칭찬하는 걸 보면 반농부가 다 된 듯하다.

해마다 봄철이면 우리 부부는 입씨름을 했다. 뭐든 많이 심어 이웃과 나눠먹자는 남편과 생물인 푸성귀는 조금만 심자는 이견 때문이다. 아침 일찍 농작물을 거둬 대충 다듬어서 이웃에 나눠주고 나면 한나절이 훌쩍 지나갔다. 집안은 늘 난전 같고 몸도 고되다. 두 식구 사는데 왜 이런 수고를 해야 하는지 가끔 부아가 났다. 쓸데없이 푸성귀를 많이 심어 일을 만든다고 구시렁대자 남편은 밝게 웃으며

"이렇게 마음을 나누는 부자로 사니까 얼마나 행복해, 자네는 안 그래?"

남편의 그 말 너머로 환하게 미소 짓는 문우가 떠올랐다.

그녀를 처음 만난 건 수필교실에서다. 후덕한 외모에 늘 미소가 머물러 있었다. 4대가 한 집에 살면서 농사도 짓고 직장도 다녔다. 뿐만 아니라 유치원에 다니는 손녀들도 챙기고 몇 곳의 봉사까지 나갔다. 암환자들에게 기혈마사지도 하고, 얼마 전부터 어르신들의 점심식사 봉사도 하고 있었다. 많은 일을 하면서 항상 웃음을 머금고 사는 그 에너지는 어디서 생기는 걸까 내겐 늘 수수께끼였다.

어느 날 그녀가 자기 집으로 초대를 했다. 야외수업 겸 옥수수 따기 체험을 하자는 것이다. 한데 새벽부터 비가 내리기 시작했다. 시간이 지날수록 빗방울은 점점 더 굵어졌다. 긴팔에 장갑까지 준비해간 사람들도 장대비 앞에서는 엄두를 못 내고 서로 얼굴만 바라보고 있었다. 밭고랑엔 이미 시뻘건 황톳물이 넘쳤으나 그녀는 외발 수레를 끌고 들어갔다. 우리는 차양막 안에서 먹이 구하러 나간 어미 새를 기다리듯 목을 빼고 바라보았다. 한참 후 옥수수를 수레 가득 싣고 나타났다. 박수가 절로 터졌다. 지칠 만도 하건만 세 번을 더 실어 날랐다. 그녀의 체력도 대단하지만 남을 위해 헌신하는 그 모습에 입이 벌어지고 말았다. 한 들통 쪄내고 난 나머지는 모두 나눠서 가져가라며 커다란 봉투 하나씩 나눠주었다. 내 몫의 옥수수는 다른 이에게 양보하고 그녀의 따뜻한 마음을 자루 가득 채워왔다.

행복은 선택이라는 말이 있다. 남이 안겨주는 게 아니라 자기 안에서 스스로 찾으라는 말일 터다. 그녀가 찾은 나눔의 행복은 가족애부터 시작 된 게 아닐까 싶다. 백수白壽이신 시할아버지부터 어린 손녀들까지 식구가 많다. 여러 세대가 함께 살면서 부대끼며 스며드는 것. 우리는 그렇게 관계 속에서 가족이 되고 또 이웃을 만난다.

남편도 그런 마음인 것 같다. 고향에 가면 형님들이 보따리에 이것저것 싸주셨다. 그 정성과 고마움을 지금은 본인이 대신할 때라고 여기는 모양이다. 지난 주말에 남편동창 몇 가족이 다녀갔다. 며칠 전부터 무엇을 줄까 궁리를 하더니 도라지를 한 자루 캐왔다. 다음날은 작년가을에 묻어놓았던 우엉과 토란을 캤다. 골고루 한 박스씩 담아 끈으로 꽁꽁 묶어 보냈다. 남편친구 한 사람이 잠긴 목소리로

"식아, 니 하는 뽄새가 예전의 울 아버지와 똑 같데이!"

부득이지문

석성득

바라보는 것들마다 암울했던 시절이 있었다. 그때 나는 삶과 죽음에 대한 생각들로 가득 차 있었다. 그래서 주로 쇼펜하우어의 「염세철학 입문」, 니체의 「짜라투스트라는 이렇게 말했다」, 톨스토이의 「인생론 참회록」 같은 깊은 고뇌와 철학적 사고를 요하는 서적에 심취해 스스로의 세계에 갇혀 지냈다. 그것은 "왜 사는가?"에 대한 해답을 찾기 위한 간절한 몸부림이기도 했다.

그러다가 우연한 기회에 문학 동아리에 활동하게 되면서부터 한 편의 시를 만났다. 곽재구 시인의 '사평역에서'라는 시이다. 처음 이 시를 접했을 땐 시대적 배경이나 시인의 사유를 전혀 읽어내지 못했다. 대합실 톱밥 난로 옆에 내가 앉아 있는 착각이 들만큼 시인의 생생한 묘사력에 사로잡혔을 뿐이었다. 대합실 밖에는 하얀 나비 떼 같은 송이 눈이 유리창에 매달리고, 대합실 안에는 언제 올지 모르는 막차를 기다리는 사람들의 지친 표정. 한없는 기다림과 침묵 속에서 마치 나 자신도 고단한 사람들 무리 속에서 시린 손바닥을 부비며 막차를 기다리고 있는 것만 같았다. 막차가 도착하면 나도 그 무리 속에서 어디론가 끊임없이 달려가고 싶었던 것 같다.

사평역은 실제로 존재하지 않는 역 이름이다. 시인이 가슴에 두고 노래한 사평역은 실제로는 광주에 있는 조그마한 남광주역이라고 한다. 시인은 왜 실제로 존재하지 않는 이곳을 공간적 배경으로 설정했을까. 이 시를 암송하면서 말보다는 침묵의 힘이 얼마나 큰지, 함축된 시적 은유가 얼마나 깊게 와 닿는지 실감이 났다. 시적 화자는 사평역 대합실에서 막차를 기다리며 난롯가에 앉아서 불을 쬐고 있는 고단한 사람들을 서정적 울림으로 이야기 하고 있는 듯하지만 사실은 실제로는 존재하지 않는 사평역을 통해서 모두가 침묵할 수 밖에 없었던 1980년대의 시대적 상황을 그 무엇으로라도 표현하지 않고는 견딜 수 없어서 쓴 시가 아니었을까. 조금은 억지스러울지 모르겠지만 시인은 시적 화자를 통해 이 시에서 암울했던 시대적 상황을 벗어나 자신이 살고 싶었던 유토피아Utopia, 이상세계를 꿈꾸며 밤열차를 기다렸을지도 모르겠다는 생각이 든다. 설사 그것이 현실도피라고 할지라도.

시는 이렇게 내게로 왔다. 시를 공부하면서 온 사방이 벽으로만 둘려 있었던 사유의 공간에 조금씩 빛으로 스며들기 시작했다. 무엇이 그토록 나를 사로잡았는지 꼭 집어 말할 수는 없다. 알 수 없는 열망의 싹이 내 안에서 조금씩 자라고 있음을 느끼기 시작한 때가 그때부터였던 것 같다. 그것이 계기가 되어 무엇이라도 쓰지 않고는 견딜 수 없을 만큼 시는 나에게 큰 위안이 되었다. 누군가 나에게 시를 왜 쓰느냐고 물으면 서슴없이 "부득이지문不得已之文"이라고 말했다. 부득이지문이란 "쓰지 않고는 견딜 수 없어서 쓰는 글"이다. 시를 잘 알지도 못했던 그때 한 편의 시를 탈고하고 난 첫 기억은 잊을 수가 없다.

시를 쓴다는 것은 때론 홀로 사막에 서서 온 몸에 가시를 달고 한 송이 꽃대를 밀어 올리는 선인장의 고독한 싸움 같은 것이다. 시의 길은 험산을 오르는 것보다도 멀고 험하다. 다가가면 갈수록 멀리 도망간다. 알려고 하면 할수록 안개 속을 헤매게 한다. 시를 짝사랑하며 걸어온 시간들. 아직도 푸른 심장 같은 작품하나 잉태하진 못했지만 시의 길과 함께 걸어온 내 삶은 얼마나 시적이었는지...

허무의 불덩이 하나 품었던 지난시절은 이렇게 잊을 수 없는 애송시, 습작시와 함께 흘러갔다. 다독과 부득이지문의 시심이 큰 힘이 되었다. 그래서일까. 오랜 시간이 흐른 지금 내 사유의 검고 눅눅한 기억들은 고향 뒤란에 묻혀 있다. 그것은 어쩜 아직도 시심詩心을 잃지 않게 하는 내 안의 그늘 같은 것인지도 모르겠다. 나는 가끔 우리 영혼에도 계단이 있다는 생각을 해 본다. 지금 내가 시를 쓰는 이유는 우리가 선택할 수 있는 보다 나은 다음 세계에 가 닿기 위해서 한 계단씩 오르는 몸부림 같은 거라고 나직하게 고백해 본다.

시간 나누기

이남주

"너는 내게 내어줄 시간이 그렇게도 없니?"

만나자는 말을 번번이 들어주지 않았더니 친구가 전화기 저쪽에서 비꼬는 투로 한마디 한다. 쪼개고 쪼개면 되는 게 시간이라는 말도 덧붙인다. 시간을 쪼개서라도 만나주지 않았으니 야박하다는 소리를 들을만하다. 늘 바쁘다는 말을 입에 달고 사는데, 그 말은, 나는 바쁘니까 너에게 내어줄 시간이 없다, 라고 간접적으로 하는 말이나 다름없음 아니겠는가.

개인에게 주어진 특권이 있다면 하루라는 시간, 24시간일 것이다. 내 시간이니까 소중한 것이고 내 것이니까 남에게 인색할 수밖에 없다. 사람들은 이 '시간'을 팔아 돈을 산다. 이 '시간'을 팔아 마음을 산다. 그러므로 돈도 소중하고 사람과의 관계도 소중하다. 옛날에는 '시간은 금이다'라는 말을 했지만 요즘은 '시간은 인생(life)'이라고 한다. 하루하루 내 생의 시간을 꺼가는 일이기 때문에다.

지인이 만든 유튜브 동영상에 내 모습이 나왔다. 어떤 단체의 행사에 참여했었는데 내 달덩이 같은 얼굴이 잠깐 보인 것이다. 아이들에게 내가 나온 영상을 보여주었더니 내가 나온 장면만 보고는 자리를 떠버린다. 엄마 얼굴이 나왔다고 하니까 마지못해 봐 줬을 뿐, 15분짜리 영상 하나 다 봐줄 시간은 없는 것이다.

가족 간에도 시간 개념은 투철하다. 각자의 생활에 너무 열심이라서 밥을 먹는 동안에나 대화를 할 수 있는데, 그 밥 같이 먹는 시간도 고작 토요일이나 일요일 아침밖에 없다. 물론 밥을 먹는 동안에도 핸드폰을 본다던지, 급한 자료를 본다던지, 아니면 티브이 쪽에 얼굴이 꽂혀있기가 예사다.

아침 일찍 출근하는 딸아이는 어린아이처럼 왔다 갔다 하며 밥을 먹는다. 반찬을 이것저것 따로 집어 먹을 시간조차도 없어 보여 주먹밥이나 김밥을 해 준다. 그러면 하나씩 입에 넣고 씹는 동안 머리를 말리고 화장을 한다. 딸은 시간을 잘 쪼개 쓰지만, 그 쪼갠 시간조차도 엄마의 말을 들어줄 짬은 없다. 그 애가 왔다 갔다 하는 틈을 타 불쑥불쑥 티브이에서 본 사건 사고라던가, 재미있었던 에피소드라던가, 나머지 가족들에 대한 불만 등을 귀에 넣어주는데, 자기가 관심 있는 분야라면 대꾸라도 하는데 전혀 무관심한 분야에 대해선 건성으로 듣고 만다. 아들도 별반 다르지 않다. 차분한 성격이라 밥상머리 앉아서 밥을 먹긴 하는데 스마트폰 들여다보느라 대화를 많이 하지 못한다.

결국, 내가 하는 말은 거의 필요 없는 말이거나 안 해도 될 말이라는 것을 깨닫게 되고, 나의 말수는 줄어들 수밖에 없다. 차례대로 부모님을 떠나보내고, 갱년기를 겪고, 나름 힘든 50대를 보내고 있어도 나의 힘듦을 가족들은 모른다. 자기들은 밖에서 저녁을 먹거나 밤늦게 와서 씻고 자기 바쁠 뿐, 엄마의 생활에 대해서 알려고 하지도 않는다. 내가 무슨 생각을 하는지, 밥을 먹는지 굶는지도 모르고, 내가 쓴 글이 어느 잡지나 신문에 실려도 전혀 알지 못한다. 말을 해도 읽을 시간이 없을 것을 알기에 아예 말을 안 한다. 그럴 때는 잠시 쓸쓸해지기도 하지만 이내 내 부모님 생각하면서 쓸쓸함을 지운다. 우리 아이들이 그러듯이 나도 내 부모에게 내어드린 시간이 너무 없었다. 멀다는 이유, 아이들을 키운다는 이유, 바쁘다는 이유…… 수십 가지도 넘는 이유를 대며 부모님은 항상 뒷전이었다. 이 세상에서 없어진 다음에야 내어드리지 못한 시간을 뼈저리게 후회했다.

나는 혼자 지내는 일에 익숙해져 있다. 쉬운 말로 혼자서도 잘 논다. 혼자 산에도 가고, 시장에도 가고, 카페에 가 다소 비싼 커피도 마신다. 찜질방에 가서 책 읽는 일은 스스로 썩 흡족하다. 혼자 강변을 걸으며 저물녘의 쓸쓸함이나 외로움조차도 즐긴다. 그러한 것들은, 여럿이 웃고 떠드는 중에는 결코 가져볼 수 없는 귀한 내 마음의 행적이고 여정이기에 식구들이 늦는다고 하면 되레 반갑다.

그러나 내게 주어진 24시간이 어찌 나 혼자만의 것인가? 무인도에서 혼자 살면 온전히 내 시간이 될 테지만 더불어 사는 사회에서는 시간도 더불어 흘러가기 마련이다. 마음 맞는 사람과의 시간 공유도 있고, 마음 맞지 않는 사람과의 시간 공유도 많다. 마음 맞는 사람들과 가지는 시간은 즐겁고 아깝지 않으나 마음 맞지 않는 사람들과 가지는 시간은 아깝고 지루하다.

나는 요즘 숙제를 하나 가지고 산다. 남편의 퇴직이 다가오는데, 그때부터 같이 해야 할 시간에 대한 생각이다. 남편과 나누는 시간은 아깝다거나 지루한 거 하고는 다르다. 떠돌아다니는 유머대로, 하나도 맞지 않아 로또 같은 사람이다. 내가 산으로 가자고 할 때 강으로 가자하고, 내가 이걸 먹자고 할 때 다른 메뉴를 선택한다. 취미나 여행취향도 전혀 다르다. 간혹 둘이서 산에 가거나 둘레길이라도 걸을라치면 대화는 길게 이어지지 못한다. 나는 나무나 풀을 보며 사색하는 편인데 그는 끊임없이 말을 한다. 그것도, 내가 전혀 관심 없고, 필요도 없는 말을 쉬지도 않고 한다. 같이 걸으면서도 내 마음의 길은 다른 데로 곁눈질하느라 그의 말을 잘 듣지 않는다. 그러면 그는 그런 나를 서운해 한다.

평생 일만 하다가 오롯이 주어지는 시간을 그는 어찌 감당할지, 그 스스로 무슨 대책은 세우겠지만, 내 시간도 많이 뺏길 거 틀림없다. 가족을 위해 쓰는 시간 빼고는 대체로 잘 운용해 왔고 내 삶의 틀도 잘 구축해 놨는데, 이제 그 틀 안에 그를 끼워줘야 한다. 방해꾼이 될지도 모른다. 따로따로이던 시간이 합쳐지면 뭔가 커져야하고 재미가 있어야 할 텐데 한숨이 나는 건 왜일까.

꽃게백정

전성옥

나는 백정이다. 꽃게백정이다. 삶아 죽이고, 얼려 죽이고, 절여 죽인다. 그러고도 모자라 또다시 부관참시, 능지처참의 형을 더한다. 무쇠연장으로 자르고 베어낸다. 참으로 유능하다.

초보주부 때이다. 요리상식에 귀를 빠끔히 열 즈음이다. 들은 대로 게를 살아있는 채로 사왔다. 염수 생물인 그들은 담수에 닿자 숨이 막혀 반쯤 넋을 놓는다. 늘어진 그를 도마에 올리고 칼을 든다.

그가 몸을 움직인다. 비척비척 열 개의 다리를 움직이며 도망을 간다. 다시 끌어다 놓고 칼을 든다. 소리, 다각…… 다각…… 그들의 집게발이 칼에 닿는 소리. 내려치려는 칼을 두드린다. 멈추세요, 멈추어 주세요. 스윽, 칼금이 그어진다. 칼금은 그들의 등이 아닌 내 가슴에 그어진다. 가슴을 베인 나는 칼을 내려놓는다.

물끄러미 게의 등짝을 바라본다. 성냥개비 같은 게의 눈 두 개가 나를 올려다본다. 세상에…… 이 무슨 잔인한 처사이며, 이 무슨 절박한 상황인가. 그러나 어쩔 수가 없다. 지금으로서는 이들의 삶을 한순간이라도 빨리 끝내주는 것이 선행이고 보시이다. 하지만 가슴에 칼을 맞은 망나니의 손은 칼을 다시 쥐지 못한다.

그들을 냄비에 담고 가스불을 올린다. 연옥이다. 잠시 후 그들은 빨갛게 죽었다. 열 개의 다리를 뻣뻣하게 들고서…… 얼마나 놀라고 고통스러웠을까. 청량한 바다의 밑바닥에 살던 자신들이 이렇게 뜨겁게 죽어갈 거라 생각이나 해 보았을까. 연옥에서 죽어가며 돌아보았을 것이다. 내가 언제, 뉘 집의 무엇을 훔쳐 먹었던 적이 있었나 하고.

주부에게 신선하다는 것은 거부할 수 없는 명령이다. 나는 또 활게를 사온다. 이제는 얼려 죽인다. 사오는 즉시 냉동실에 넣는다. 두어 시간 뒤 그들은 파랗게 죽었다. 마디마디 다리들을 깍지 끼고서…… 얼음지옥에서 죽어가며 헤아려 보았을 것이다. 내가 언제 탐할 수 없는 이를 탐한 죄를 지은 적이 있었나 하고.

못할 짓이었다. 하여, 근래 들어서는 활게를 살 때 파는 이에게 그들의 목숨을 앗아 달라 부탁을 한다. 파는 이는 의아해 한다. 신선도를 위해 활게를 사면서 구태여 죽여 달라는 이유가 무엇이냐 되묻곤 한다. 나는 그저 웃는다. 답을 할 수도 없다. 이 나이에 무서워 그런다면 내숭이라 할 것이고, 죄책감이라고 하면 지금 칼질을 하는 그들을 능멸하는 처사다. 파는 이는 칼질을 하며 혼잣말을 한다. 맛있는 내장이 다 쏟아진다. 살이 흐르겠다. 나는 그 말을 등으로 듣는다. 등딱지가 벗겨지고 버둥대는 다리를 탁탁 잘리며 죽어가는 게들의 모습이 보아내기 힘들고, 살겠다고 몸부림치는 생명들을 조금의 긍휼도 없이 단호하게 처단하는 칼잽이들의 모습도 보아내기 힘들다. 그가 비록 나를 대신하여 이 살육을 자행할지라도 말이다.

집에 돌아와 흐르는 물 아래서 게들의 가슴을 잡아 뜯어 씻으며 어이없는 착한 척을 한다. 숨을 쉬었을텐데, 이 보드라운 날개미로 숨을 쉬었을 텐데. 꽃게는 말한다. 가증스레 굴지 말아라.

무엇이거나 목숨을 앗는 것은 힘든 일이다. 이 세상에 숨을 타고 태어나 한동안 같이 호흡하던 생명을 끊어 낸다는 것은 쉬운 일이 아니다. 그러나 반드시 필요한 일이고 이 일을 해 줄 사람도 반드시 존재해야 한다. 그들이 백정이다. 그들은 천대와 멸시를 받아가며 묵묵히 생명을 앗아낸다. 앗아낸 그 생명으로 또 다른 생명을 살려낸다. 고마운 이들이다.

지난날, 백정은 사람이 아니었다. 백정에겐 이름이 없었고, 호적도 없었으며 인구수에 포함되지도 않았다. 상투를 틀 수 없었고 남의 집 종이나 아이를 포함한 모두에게 존댓말을 써야했다 길을 걸을 때도 허리를 구부리고 겅중겅중 뛰어다녀야 했으며, 심지어 백정의 아내는 겁탈 당해도 가해자에게 죄를 묻지 못했다. 임금의 수라상에 고기를 올리는 이도 손가락질을 면하지 못했다.

현대에 와서 백정이란 단어는 역사나 이야기책에만 존재한다. 그러나 돌아보면 도처에 백정은 존재한다. 남이 하기 싫어하는 일, 꺼리는 일을 하는 이들이 그들이다. 음식물 쓰레기를 치우는 이, 주검을 만지는 이, 하수도를 청소하는 이, 일용할 양식을 위해 어디에서라도 하루의 품을 파는 이 등이 그들이다. 그럴싸한 직함으로 불리고 이전의 백정처럼 그런 하대를 받지는 않지만 사람들은 이분법적인 시각으로 그들을 대한다. 이성으로는 직업에

귀천이 없다고 한다. 그러나 막상 나보다 직업 신분이 낮은 이들과 연을 맺거나 동사同舍를 하라고 하면 이를 기꺼워 할 이는 과연 얼마나 될까.

돌아보면 아찔한 일 아닌가. 만일 그들이 나보다 더 배웠거나, 나보다 더 유능했거나, 나보다 하늘의 뜻을 더 많이 받았더라면 그 일은 그가 아닌 내가 해야 하는 일이었을 것이다. 힘든 노동을 하고 적은 보수를 받으며 사람 그 자체까지 하대 받는 상황은 그가 아닌 나의 상황이 되었을지도 모른다. 그들이라고 어찌 나보다 덜 배우고, 나보다 덜 유능하며, 나보다 하늘의 뜻을 덜 받고 싶었겠는가. 또 어디선가 나를 두고 아찔한 일이다 하고 가슴을 쓸어내리는 이는 어찌 없을 것인가.

빠각 빠각 등딱지가 벗겨지는 소리, 탁! 탁! 도마를 내려치는 소리들을 등으로 듣고 서 있다. 속으로 말한다. 저 살육은 나와는 상관없는 일이다. 나는 손에 피를 묻히지 아니했다. 그러나 게를 죽이지 못해 시장 상인에게 내 업을 뒤집어씌우며 면피를 했다고 생각하는 나는 과연 내 생각처럼 그렇게 고운이일까. 천만의 말씀이다. 오히려 더 교묘한 악인일지도 모른다. 나를 대신해 칼을 내려치는 상인은 돌아선 내 등을 보며 말할지도 모른다. 가증스레 굴지 말아라.

동시

겨울

김성녀

찬바람 따라오는
흰 눈
이 땅을 은빛으로 만들고
아이들을 부른다.

큰 공을 굴려서
눈사람 만들고
단단하게 뭉쳐서 눈싸움도 하고
내가 던진 눈덩이가
친구 등을 맞히면
폭죽처럼 퍼지면서
무지갯빛으로 물들인다.

던져도 즐겁고
맞아도 즐거운
우리들의 웃음소리
눈은 희지만
우리의 마음은 오색구름
새로운 세상에서 깨끗한 꿈을 꾼다.

홍시를 기다리며

주먹보다 더 큰
엄마가 사 오신 땡감
빨간 얼굴이 반질반질
가만히 만져보니 딴딴하다

–일주일 가야 익을 테니
만지지 말고 기다려라 –

엄마 모르게 살짝 만져보는데
삼일 지나도 딴딴
사일 지나도 딴딴

다섯 밤을 잔 후에야
겨우 한 개 말랑말랑
나는 신기하고 반가워
엄마에게 말했더니
처음 익은 것은 할머니 드려야 된단다.

할머니를 드리니
오물오물 잡수시는데
입안에 단침이 돌아
나도 모르게 꿀꺽 삼켰다

다음날 또 한 개가 익자
아빠께 드렸다

하룻밤 자고 나니 세 개가 말랑말랑
엄마와 오빠가 먹고
드디어 내 차례
꿀보다 더 달디 단 홍시
입안에서 살살 녹는 것 같다.

날아라, 무당벌레야

김윤옥

조그만 텃밭
날마다 물을 주는데
무 잎사귀 여럿이
앙상하게 말라 간다

너희들이 다 먹겠다고?

물뿌리개 앞에서
뽀얗게 피어나는 무지개 너머로
빨간 몸에 까만 점박이 무당벌레가
날아오른다.

와!
너 떴어.
무당벌레야

걸음아, 나살려라!
진딧물들 도망가기 바쁘겠다.

민들레 솜사탕

어쩌면 요렇게
솜씨가 좋을까요.
학교 앞 솜사탕 아저씨는
명함도 못 내밀겠어요.

우리 반 친구들 스물세 명
나누어 먹어도 남겠는 걸
가만히 불어 봐요.

솜사탕 제각각
내 친구들 찾아서 날아가요

얘들아 솜사탕 받아라!

참새

김두례

무슨 일 있는 걸까
내가 다가갈 때마다
저희들끼리 나를 피해 몰려다닌다.

세수

파란 하늘이
호수에 내려와
세수를 해요

피라미
소금쟁이가
훼방을 놓아도
까딱하지 않아요

왜가리가 콕콕 쪼기도 해요

그래도 하늘은 가만히 참고
열심히 세수를 해요

할머니의 장독대

송방순

"항아리 깨니께 저만치 가서 놀아라잉!"
할머니는 잠꾸러기 항아리가 뭐가 무섭다고
근처에도 못 가게 하고

번지르르–
냄새나는 배불뚝이가 뭐가 예쁘다고
날마다 씻어주고 닦아주고

눈부시게 맑은 날엔
모자를 벗기고
소나기 오는 날엔
모자를 씌우고

콕!
찍어 맛보며
"장맛이 참말로 기막히네잉!"
잘한 것도 없는데 칭찬하네.

할머닌 나보다 너네들이 더 좋은가봐

조개 무덤

바닷가
하얀 조개 무덤

갯벌에
아무도 모르게 숨어 지내다

밀물 썰물로
깨끗이 몸을 씻어

나를 잊지 말라며
나를 잊지 말라며

모래사장 끝에서
바다를 품에 안네

아빠 흰머리

신양진

아빠 흰머리
한 개 당 백 원
하나 둘 세어가며 열심히 뽑는다.

—와, 금방 부자 되겠다!
하얗게 센 머리카락 앞에 내 입은 귀에 걸렸는데

—당신 언제 이리 늙었어?
엄마 입은 아래로 축 쳐졌다.

참새

총총 기웃기웃
타닥타닥 두리번두리번
앞으로 두 번 뒤로 두 번
폴짝폴짝 뛴다.

총총총 기웃기웃기웃
타닥타닥타닥 두리번두리번두리번
앞으로 세 번 뒤로 세 번
폴짝폴짝폴짝 뛴다.

총총총총 기웃기웃기웃기웃
타닥타닥타닥타닥 두리번두리번두리번두리번
앞으로 네 번 뒤로 네 번
폴짝폴짝폴짝폴짝 뛴다.

너도 나처럼 바쁘게 사는구나, 참

첫걸음

정미경

우주복을 입은 아기
한발 한발 걸음을 떼고 있어요

중력의 세계로 걸어가요

호기심들이 뒤뚱뒤뚱 따라가요

아직, 엄마의 중력이
호기심보다 강해서
몇 걸음 떼다 말고 멈칫,

자꾸 뒤를 돌아봐요

엄마는 뒤편에서 가라 손짓하고
환해지는 아기 얼굴

보이지 않는 끈이 아이를 끌어당겨요

늦둥이

민지는 열 살
빨리 크고 싶어요.

빨리 커서
언니처럼 반짝이는 하이힐도 신고
혼자서 배낭여행도 가고 싶어요.

하지만
엄마랑 아빠는,
그대로 있었으면 좋겠어요.

동백

정명희

아이들 웃음소리에
덩달아 두근두근

아이들 발자국 소리에
사르르 물드는 두 마음

꼬옥, 벌어지는
붉은 꽃망울

난 동백이야!
외치는 빨간 목젖이 싱그러워.

봄

봄까치꽃 와글와글 모여
슬며시 고개 내민다

친구들 운동장에 모여
와글와글 소리친다.

추운겨울 이겨냈다고
따뜻한 봄이 활짝 피었다고

나무에도
화단에도
잡초 속에도
봄 향기 꼬물거린다.

새 꽃을 피우라고

조계향

다문 잎 위에
또 한 겹
그 잎 위에 또 한 겹
다섯 개의 꽃잎은
서로를 꼭 껴안고
치마폭 둘러쓰고
인당수에 몸을 던진
심청이 마냥

바람 헤치고
풍덩

땅 위에 몸을 던지는
무궁화 꽃

명창 고양이

앞 집 지붕 위
고양이 가족
이사를 갑니다.

한 마리
두 마리
세 마리

어미 따라
조심 조심
다 떠나는데

까만 새끼 고양이
혼자 남아

뛰어내릴 담장을
보고 또 보다
냐으으응 냐으으응
울음보가 터졌어요.

모질고 엄한 어미
제 힘으로 내려오라고
꿈쩍 않고

까만 새끼고양이
지붕 아래만
내려다보고

낮이나 밤이나
냐르으응 냐르으응

하루 이틀 사흘 나흘……,

마침내
겁쟁이 새끼고양이
쉰 목청이 툭 틔어버렸어요.

발자국

전자윤

눈이
펑펑
오는
날이면

　　발자국도
　　펑펑
　　내려요

고운
눈송이
잡아
두려고

　　삐뚤빼뚤
　　사방팔방

바느질
하지요

새싹

땅 위로 쏘옥 쏘옥
작은 머리를 내밀더니
—아함, 잘 잤다
기지개를 켜요

밭고랑 위로 올망졸망
한줄 서서는 저요! 저요!

어딜 가나?
유치원 가나
어딜 가나?
봄 소풍 가나

동화

원님을 놀린 이방

한태경

옛날 어느 마을에 좀 모자라는 원님이 살았어. 고집불통에다 심술도 많아서 툭하면 아랫사람을 못살게 굴었지. 사흘이 멀다 하고 이래저래 말도 안 되는 일로 트집을 잡았어. 그러니 원님을 모시는 이방은 여간 힘든 게 아냐. 언제 또 화를 낼까 싶어 날마다 원님 눈치 보기 바빴지.

하루는 원님이 이방을 데리고 윗마을에 놀러 갔어. 두 원님이 서로 윗마을 아랫마을 오가며 친하게 지냈거든. 그런데 윗마을 원님도 어지간히 모자란 인물이었던 모양이야. 고집 센 것도 둘이 닮았지.

두 원님은 이런저런 얘기를 나누다가 엉뚱한 일로 시비가 붙었어.

윗마을 원님이 앞산을 바라보며,

"저기 노루 두 마리가 뛰어가네그려. 보아하니 앞에 가는 건 어미고, 뒤에 가는 건 방금 낳은 새끼 같으이."

하자, 이쪽 원님이 타박을 해.

"말도 안 되는 소리. 노루가 알을 낳지 어떻게 새끼를 낳누?"

"그것 참, 내 노루가 알을 낳았단 말은 듣다듣다 처음 듣네."

"모르면 좀 가만히 있게. 노루는 알을 낳는단 말일세."

두 원님이 서로 우기는데, 이방이 들어보니 제가 모시는 원님이 영 틀리거든. 노루는 당연히 새끼를 낳는데 알을 낳는다고 우기니 말이야. 이방은 속으로 웃었지.

그때 원님이 이방을 돌아보며,

"여봐라, 이방. 내 말이 맞느냐, 틀리느냐?"

하는 거야. 윗마을 원님도,

"누가 맞는지 말 좀 해 보게."

하며 이방을 빤히 바라봐.

이방 처지가 참 난처하게 됐어. 제 마을 원님 말이 맞다 하자니 거짓이고, 윗마을 원님 말이 맞다 하자니 뒤탈이 걱정이니 말이야. 한참 생각하던 이방은 꾀를 내어 대답했어.

"두 분 말씀이 모두 맞습니다.

노루는 새끼도 낳고 알도 낳지요."

그 말을 들은 두 원님은,

"예끼, 이놈! 새끼를 낳으면 새끼를 낳고 알을 낳으면 알을 낳지, 어떻게 새끼도 낳고 알도 낳는단 말이냐?"

하고 이방을 나무랐지. 이방은 태연하게 대답했어.

"낮은 산에 사는 노루는 새끼를 낳고, 높은 산에 사는 노루는 알을 낳습니다."

"그건 어찌 그런고?"

"낮은 산은 사람이 많이 다니니 얼른 피하려고 새끼로 낳고, 높은 산은 사람이 없으니 천천히 기르려고 알을 낳는 거랍니다."

그 말을 들은 두 원님은 좋아라 했어.

"그럼, 그렇지. 내 말이 틀릴 리가 있는가.

"그것 보게. 내 말도 맞지."

며칠이 지나 이번엔 윗마을 원님이 아랫마을로 놀러 왔어.

"여봐라, 이방! 게 없느냐."

원님은 심부름 시키려고 이방을 불렀어.

이방은 허둥지둥 달려갔지. 그런데 성미 급한 원님은 늦었다고 야단이야.

"고얀 놈, 부르면 냉큼 안 오고 어디서 놀다 이제 오느냐."

서둘러 왔는데도 화를 내니 어쩌겠어. 잘못했다 하면 벌을 받으라고 할 테고, 부르자마자 왔다 하면 말대답한다고 할 테니 이것 참 걱정이야.

이방은 원님이 더 심술을 부리기 전에 얼른 둘러댔어.

"시집간 딸이 와서 절 받고 오느라 늦었습니다."

그런데 이 말을 들은 윗마을 원님이,

"옳거니, 지금이 춘삼월인데 오월 단오인 줄 알고세배 왔나 보군,"

하는 거야. 그러자 이쪽 원님이 껄껄 웃으며,

"오월 단오에 세배라니. 팔월 추석인 줄 알고 세배 왔겠지."

하지 뭐야.

두 원님은 옥신각신하느라 이방이 옆에 서 있는 것도 잊었어. 이방한테 심부름 시키려던 일도, 화를 낸 일도 까맣게 잊었지. 이방은 기가 막혔어. 세배는 설날에 하는 건데, 단오네 추석이네 서로 우기니 말이야.

원님들이 그렇게 다투다가 결판이 안 나니까 또 이방한테 물어.

"여보게, 이방. 세배를 단오에 하나, 추석에 하나?"

이방은 웃으면서 대답했지.

"단오에도 하고, 추석에도 하고, 설날에도 하고, 세배는 많이 할수록 좋지요."

그 말을 들은 두 원님은 무릎을 치며,

"그것 보게. 내 말이 맞지."

"아무렴, 내 말도 맞지."

하더라나.

구름나라로 올라간 옹달샘

이진숙

1. 옹달샘, 돌 틈을 뚫다

들판의 깻잎을 닮은 잎사귀 사이사이로 조롱조롱 물빛 꽃망울이 한 움큼씩 한 움큼씩 모여, 소근대듯 피어 있는 수국이 있다.

크고 작은 나무들과 이름 모를 꽃들이, 가지가지에 저마다의 빛깔로 곱게 어울려 있다. 꽃과 나무들 여기저기를 마치 숨바꼭질이라도 하는 듯, 포로롱 포로롱 산새들은 날고 있다. 가지가지 빛깔의 꽃들처럼, 각각의 어울리는 목소리로 산새들은 노래한다. 내가 살고 있는 깊은 산 속의 풍경이다. 내 이름은 옹달샘.

작고 오목한 곳에서 살고 있어서 나를 그렇게 부른다.

나는 나무와 꽃들의 거울이 될 때가 있다. 비바람이 한 번씩 심술을 낼 때는 어김없이 나무와 꽃들이 번갈아 가며 내게 정중히 고개를 숙이고, 몸단장들을 하고 돌아간다. 또 나는 새들의 목축임 물이기도 하고, 토끼의 세숫물이 되기도 한다. 나는 무엇이 될 수 있다는 것이 행복하다. 내가 여기에 있는 한, 나는 항상 그 누구에겐 가는 무엇이 되는 것이다. 하지만, 나는 언제까지나 이곳에 있을 수는 없다. 내 어머니가, 내 형제자매들이 그랬듯이.

나는 이곳을 떠나야만 한다. 그래야만 하는 것이다. 내가 자리를 비워 주어야만 샘은 또 솟아 날 테니까.

떠날 것이다.

바위를 끼고 흘러내린 나는, 아주 작은 폭포를 만들 것이다. 산 까치가 놀라지 않도록. 어치가 도망치는 일이 없도록. 그리고는 낮은 곳으로 낮은 곳으로 낮게 아주 낮게 조용조용 흘러 갈 것이다.

누굴 만나게 될까?

가장 먼저 송사리를 만났다.

"송사리야, 안녕. 나 옹달샘이야."

"그래, 안녕 옹달샘. 드디어 용기를 냈구나. 잘했어. 만나서 반가워."

"송사리 너는, 여전히 달리기를 잘하는구나."

"내가 달리기를 잘한다고? 아니, 아직 아니야. 조금 전에도 미꾸라지 형님 아니었으면 큰 일 날 뻔 했는걸! 글쎄, 입을 쫙 벌리고 따라오는 사냥꾼 메기를 보지 못 한 거야. 그때 마침, 미꾸라지 형님이 진흙탕 물을 만들어서 겨우 살았어."

소금쟁이가 옹달샘 얼굴을 간질이며 장난을 치고 있다. 옹달샘은 웃음이 터져 나오려 했지만, 송사리의 위급한 상황을 듣고는 차마 웃을 수가 없었다.

"장난꾸러기 소금쟁이야, 너는 여전히 장난치기를 좋아하는구나!

하하하, 이제 그만 그만."

참을 수 없는 웃음이 터져 버리고 말았다.

"장난이라니? 옹달샘 너를 환영한다는 뜻인 걸. 내 맘도 몰라주고!"

소금쟁이는 토라져 버렸다. 꼼짝을 하지 않고 가만히 섰다. 물총새가 와서 목욕할 때 까지.

옹달샘은 송사리와 소금쟁이의 환영을 뒤로 하고 길을 떠났다.

"얘들아, 다음에 또 만나자."

송사리는 바쁘게 달리기 연습을 계속했다. 소금쟁이도 송사리를 내려다보며 따라서 달리기 연습을 했다.

마치 서로의 그림자처럼.

2. 피라미를 만나다

옹달샘은 매끌매끌 해진 돌 틈바구니를 만날 때 마다 작은 폭포를 만들었다. 무엇 때문인지는 알 수 없으나, 왠지 뾰로통해 있는 작은 돌멩이들도 만났다. 옹달샘은 그중의 몇 개를 데리고 피라미가 사는 곳까지 왔다. 피라미는 은어와 망둥이들과 함께 살고 있었다.

"피라미야, 안녕. 친구를 많이 사귀었구나."

"그래, 옹달샘. 혼자서는 외롭다는 생각이 자꾸만 들어서 말이야, 그래서 우리는 친구가 되기로 했지. 서로 도와가며 일을 하니, 힘도 덜 들고, 훨씬 즐겁다는 것도 알게 되었어."

피라미는 물 바닥의 때를 병아리가 된 듯, 열심히 쪼아가며 뜯어 먹었다. 피라미가 다녀간 곳은 그래서 항상 깨끗하게 정리가 되어 있었다. 은어도 입을 쭉 내밀고, 피라미와 함께 열심히 물때를 옆으로 옆으로 갉아 먹었다. 마치 게가 기어가듯이. 피라미는 언제나 그런 은어가 있어서 행복했다.

그때 망둥이가 나타났다.

"애들아, 우리가 함께 청소를 해야 한다는 걸 내가 깜박 잊고 있었네. 미안 미안. 너희들만 열심히 청소를 했구나. 이제 나머지는 내가 할께, 너희들은 그만 쉬고 있어."

오늘 따라 덜렁이 망둥이는 물 바닥의 때를 마치 강아지가 된 것처럼 핥듯이 깨끗하게 갉아 먹었다.

바닥은 어느새 유리알처럼 깨끗하게 되었다.

옹달샘은 피라미와 은어 망둥이의 부지런함을 보고 기분이 좋아졌다. 그래서 이들에게 작은 돌멩이들을 내려 주기로 마음먹었다.

"애들아, 아직 뾰족뾰족해서 다칠지도 몰라. 하지만, 너희들이 작은 돌멩이들을 친구로 대해 준다면 참 좋겠어!"

옹달샘은 아직도 뾰로통해 있는 작은 돌멩이들을 내려놓고, 다시 길을 떠나기로 했다.

옹달샘은 갑자기 엄마와 형제자매들이 생각이 났다. 혼자서 하는 여행도 즐겁겠지만, 가족이 함께 해도 좋을 것 같다는 생각이 든 것이다. 마음이 조급해진 옹달샘은 서둘러 가 보기로 했다. 산 까치가 놀라 도망칠 지도 모를 커다란 폭포를 만들기도 하고, 불어오는 바람에 몸을 맡겨 보기도 했다.

3. 흙탕물 되다

"내가 너무 서둘렀나?"

현기증을 느낀 옹달샘은 혼자 말을 하였다. 마지막 커다란 폭포는 정말 생각지도 못 했던 것이다. 미끌미끌 초록이끼와 포근포근한 바위 옷이 아니었으면, 벌써 의미 없이 공기 중으로 사라졌을 것이다.

"그런데 이게 뭘까? 무슨 냄새가 나는 거지?"

옹달샘은 그동안 크고 작은 폭포 아래에서 보았던 하얀 물방울들과 같다고 생각했다. 하얗고 보글보글 거리는 모습은 누가 보아도 정말 똑 같다고 생각할 것이다.

그러나 이상한 냄새도 나고, 끈적끈적 거리는 것은 똑 같지 않았다. 또 기분도 좋지 않게 했다.

옹달샘은 길을 잘못 든 것이다.

옹달샘은 냄새나는 물속에서 허우적거렸다. 숨이 막혀 왔다. 그뿐만 아니라 한치 앞도 보이지 않았다. 무서웠다.

"여보세요, 거기 누구 없어요? 도와주세요!"

떨리는 목소리로 크게 소리쳤다.

"거 누구요?"

다리를 질질 끌며 개구리가 나타났다. 자세히 보니, 뒷다리가 한 개 뿐 이었다.

"여기는 함부로 들어오면 안 된다오. 얼른 나가시우. 내 말을 듣는 것이 좋을 거요."

개구리는 어둠처럼 짙은 물속으로 사라져 버렸다.

잠시 후 잉어가 얼핏 보이는 듯 했다. 분명 잉어였다.

"여보세요? 도와주세요!"

잉어는 옆으로 누운 채 힘겹게 다가왔다. 자세히 살펴보니, 등지느러미가 없었다. 이상한 생각이 들었다.

옹달샘은 잉어에게 물었다.

"왜 모습이 그런 거예요?"

잉어는 울면서 말했다.

"사람들 때문입니다. 사람들이 쓰레기를 함부로 버리고, 오염된 더러운 물도 함부로 마구 버려서요. 그래서 우리가 살던 보금자리는 이젠 쓸모없이 변해 버렸고, 내 모습도 이렇게 흉하게 되었답니다. 빨리 이곳을 떠나도록 하세요."

잉어도 말을 마치고, 짙은 어둠 같은 물속으로 힘겹게 사라져 버렸다.

옹달샘은 깊은 산 속이 그리워졌다. 푸르른 나무들과 예쁜 꽃들, 개구쟁이 산새들이 너무나 보고 싶어졌다.

몇날 며칠 폭풍우가 계속되었다.

옹달샘은 힘세고 무서운 물살에, 몸이 이리저리 흔들렸다.

커다란 나뭇가지와 바위들이 굴러 다녔다. 옹달샘은 일단 몸을 피할 곳을 찾아보기로 했다. 쓰러진 커다란 나뭇가지를 발견했다. 나뭇가지에 몸을 매달려 보았다. 함께 매달려 있던 곤충과 애벌레들이 무서운 물살에 휩쓸려 어디론가 사라져 버렸다.

모든 것이 엉망이 되고 있었다.

뿌리 채 뽑힌 나무는 가지가 진흙 속에 묻혀 버렸다. 그뿐만이 아니다. 어디서 굴러 오는지, 커다란 바위들은 괴물소리를 내며, 이리저리 비틀비틀 계속 굴러 다녔다. 쓰러진 나뭇가지와 아무렇게나 눕혀져 버린 풀들 뒤로 들어가 숨어 보려 했던 또 다른 곤충과 애벌레들은, 밀려드는 진흙 속에 그만, 모두 한꺼번에 묻혀 버리고 말았다.

이것은 말로만 듣던 무시무시한 홍수라는 것이다.

모든 것을 한 순간에 사라지게 만드는 홍수.

폭풍우는 멈췄다.

하지만, 옹달샘은 아직도 무섭고 끔찍하기만 하다. 커다란 나뭇가지에 매달린 채, 계속 꼼짝을 하지 않고 있다.

상상할 수 없을 만큼 힘이 셌던 무서운 물살도 이젠 잔잔해졌다. 마치 아기 물고기 비늘처럼.

그런데 이상한 일이 생겼다.

모든 것이 휩쓸려 떠내려가고, 진흙 속에 묻혀 버려, 아무것도 찾을 수 없게 된 줄 알았던 곳에서, 꼬물꼬물 움직이는 것이 있었다. 엉망진창이 되어 버린 곳에서 아직 살아 있는 것이 있었던 것이다. 옹달샘은 나뭇가지에 더 이상 숨어 있지 않기로 했다.

다시 용기를 낸 것이다.

강바닥은 홍수로 인해서 떠내려가기도 하고, 또 깨끗하게 청소가 되기도 하였던 것이다. 한 치 앞을 알아 볼 수도 없이 오염된 더러운 물도 이젠 말끔하게 단장을 하게 되었다.

깨끗해진 강에는 다시, 새로운 건강한 삶이 시작될 것이다.

옹달샘은 아픈 기억을 멀리하고, 다시 길을 떠나기로 했다.

4. 아기 거북을 따라 가다

"아, 바다다!"

드디어 바다에 오게 되었다.

푸르른 바다는 하늘을 닮았다. 바다는 생각 했던 것 보다 훨씬 넓었다.

모래톱은 아기 거북과 달랑게의 숨바꼭질 놀이터였다. 달랑게가 모래 속으로 쏙 들어가면, 아기 거북은 발을 모래에 비벼댔다. 그 모습은 마치 춤을 추는 듯 보였다. 달랑게는 아기 거북 옆으로 구멍을 내고는 고개를 내밀고 있다. 아기 거북의 춤추는 모습을 구경이라도 하는 듯.

아기 거북은 뾰로통하여 바닷물에 몸을 나뭇잎처럼 둥둥 띄웠다. 옹달샘은 아기 거북에게 가까이 다가갔다.

"아기 거북아, 안녕?"

"누구세요?"

"난 옹달샘이야!"

"옹달샘?"

아기 거북은 두 눈을 동그랗게 뜨고 깜박거렸다.

"난 깊은 산속에서 살다가, 드디어 여기까지 오게 되었어."

아기 거북은 옹달샘을 뒤로 하고 재빠르게 헤엄쳐 갔다.

"같이 가아."

옹달샘은 얼른 아기 거북 뒤를 쫓아갔다.

아기 거북은 바다 속 깊숙이 들어갔다.

"와아."

옹달샘은 깜짝 놀랐다.

바다 속에 꽃들이 피어 있는 것이다. 옹달샘이 살던 깊은 산속처럼.

"나는 옹달샘이야. 아기 거북을 따라 왔어."

"나는 산호초라고 해."

"이름도 모습처럼 예쁘구나, 산호초."

옹달샘은 산호초의 황홀한 모습에 정신이 아찔해졌다. 이름 모를 여러 가지 생물들이 산호초 속을 들락날락거렸다. 아름다운 산호초는 작은 생물들의 놀이터 같았다.

갑자기 작은 생물들이 바쁘게 숨바꼭질을 하는 듯 했다. 어디서 나타났는지, 아기 거북은 옹달샘을 끌어 당겼다.

"상어가 나타났어. 얼른 숨어야 해."

"상어?"

"그래, 상어. 상어는 눈에 보이는 것이면, 무엇이든 다 먹어 치워 버려. 아주 무서운 괴물이야."

아기 거북은 고래에 대해서도 말해 주었다.

"고래는 몸집이 아주 커다랗다. 하지만 상어처럼 무섭지는 않아.”

재잘재잘 대는 것이, 참새를 닮았다는 생각이 들었다.

아기 거북은 엄마 거북을 만났다. 그리고는 엄마 거북을 따라 가버렸다.

옹달샘은 아기 거북이 말해준 고래를 만났다. 정말 어마어마하게 커다랗다. 고래는 뱃고동 같은 소리를 내며 다녔다. 그러면 어디선가 다른 고래들이 나타났다. 고래는 옹달샘에게 전혀 관심이 없다.

그러나 옹달샘은 고래와는 달랐다. 옹달샘은 고래 옆을 졸졸 붙어서 다녔다. 고래가 물속으로 잠수를 하면, 옹달샘도 잠수를 하고, 물위로 올라와 숨을 쉬면, 옹달샘도 물 맨 위로 떠올랐다.

5. 무지개 되다

넓은 바다를 보게 된 옹달샘은 혼자서 물 위를 떠다니고 있었다. 부드러운 바람이 얼굴을 간질거렸다. 기분이 좋았다.

햇살이 따갑게 내리 쬐었다. 반짝반짝 몸이 별처럼 빛났다. 보석 같았다. 옹달샘은 별도 되고, 보석도 되었다. 눈을 꼭 감았다 떴다. 백로처럼 하얀 날개를 가진 갈매기가 삐루루 삐루루 소리를 내며 날고 있었다.

갈매기 솜털이 날아 간 걸까?

하늘에는 새털구름이 수채화를 그리려는 듯 누워 있다.

따가웠던 햇살이 어느 덧, 서쪽 하늘 끝자락에 걸려 있다. 푸른 하늘에 흰색의 새털구름은, 저녁 햇살을 받아, 연분홍빛을 하고 있다. 아름답고 평화로운 날이다.

옹달샘은 바다에 안겨 있다. 바다에 안겨서 바다를 생각한다.

바다는 모든 생명의 어머니라고.

옹달샘은 바다를 보았다. 더러운 것은 더러운 대로 받아들이는 바다를.

깨끗하면 깨끗한 대로 옆을 내 주는 바다를. 크고 작은 것을 가리지 않고, 모두 끌어 안아주는 바다를.

바다는 그런 것이었다. 옹달샘은 바다이고 싶어졌다.

공기가 따뜻하다. 옹달샘은 풍선처럼 가벼워지는 몸을 느낀다. 가벼워진 몸은 부채살처럼 펼쳐진 햇살을 물고기가 헤엄치듯, 그렇게 햇살을 따라 하늘로 올라간다. 바람은 옹달샘이 안전하게 올라갈 수 있도록 살살 밀어 올려 주었다.

옹달샘은 꽃구름 속으로 쏙 들어갔다. 구름 속에 들어앉아서 내려다보는 세상은 아주 작고 아름다워 보였다.

깊은 산속도 내려다 보였다. 나무와 꽃들은 구분되지 않았다. 구분할 필요도 느끼지 않았다. 하지만 모두가 아름다울 뿐이다.

옹달샘이 있는 꽃구름은 햇살을 받아 길게 무지갯빛으로 빛을 내고 있었다. 옹달샘은 무지개다리를 새처럼 날아 다녔다.

꽃구름은 뭉게구름이 되었다.

옹달샘은 점점 무거워지는 몸을 느꼈다. 마치 바위처럼.

우르릉 쾅쾅!

구름들이 박치기를 하기 시작했다.

소설

어제의 날씨

구자인혜

관람객들은 개화기의 해안을 축소한 모형 앞에 서 있었다. 구두 밑에 질긴 본드가 붙은 것처럼 미동조차 않는 모습이었다. 회색과 흰색의 페인트를 섞은 시멘트 바닥이 자연스러웠다. 에폭시 마감을 한 바닥이었다. 투명한 에폭시도료에서는 발밑을 잡아당기는 진득함이 느껴졌다. 본드에서 나는 특유의 냄새도 나는 듯했다. 박물관은 몇 주 전에 대폭적으로 수리를 하고 재개장을 했다. 전의 전시관도 관리가 잘 되고 편안한 동선을 가지고 있었는데 수리를 한다고 하니 예산낭비라며 말이 많았다. 그 말을 의식해서인지 지역구 의원은 박물관은 유물을 전시하는 곳이 아니라고 말했다. 과거를 통해 내일로 나가는 통로이고 현재를 발판으로 새로운 역사가 시작되는 곳이라고 목소리에 힘을 주었다. 지역문화가 발전이 되어야 진정한 문화가 제대로 자리매김할 수 있다고 침을 튀기며 긴 연설을 했다. 이곳의 전시유물은 국립박물관에 비해 많지 않았다. 그나마 전시물은 모형이 많았고 실제의 유물은 박물관 지하의 수장고에 보관되었다. 단체관람을 하며 연설을 듣던 무리가운데 누군가 의장의 말을 잘랐다.

"그런데 진짜 유물들은 모두 어디에 숨어있는 거예요?"

모형들은 해안가를 중심으로 전개되고 있었다. 우리나라 최초의 바늘공장에서부터 영국인 별장 등이 과거 모습 그대로 재현

되었다. 월미도 바닷가와 맞닿은 해안의 넓은 부분에서 발광다이오드가 반짝거렸다. 일본인 거주 지역이었다. 위쪽으로는 청국과 프랑스, 영국, 미국이 섞인 다국적 지역이 이어졌다. 도자기실의 조명에 비해 유독 환하게 빛나던 형광등은 빨강색 다이오드의 깜빡거림을 더 강조하는 듯했다. 경계를 가르는 선은 해안가에서 시작하여 내륙으로 연결되었고 여러 나라가 모여 있는 모습은 평화로운 동화 속의 마을을 닮았다. 가장 넓은 지역을 차지한 일본과 그 다음으로 넓은 청나라 지역을 가르는 장소에 세워졌던 실제의 조계는 전시실의 한 부분을 차지하고 있었다. 일미터를 넘지 않는 크기의 돌에 투박하게 새겨진 두 음절의 말. 租界는 조선과 열강의 경계가 되었고 누구도 침범할 수 없는 치외법권 지역이었다. 화강암에 새긴 한문은 서툴고 조악한 글씨체였다. 당시의 대한제국 모습을 보는 듯했다.

지역구 의원의 말을 들으며 경매로 산 집을 떠올렸다. 집주인 남자와 첫 대면을 한 날이었다. 인터컴은 제대로 작동되지 않는 모양이었다. 벨을 여러 번 눌러도 아무 변화가 없었다. 그냥 돌아서기에는 눈 쌓인 길을 헤치고 온 휴일 아침이 아까웠다. 이 일만 아니었으면 아직도 침대 속에서 달콤한 늦잠을 자고 있을 터였다. 현관문을 주먹으로 두드렸다. 문을 두드리는 노크소리는 묘한 여운이 있었다. 맥베드의 한 장면에서 배우가 연기한 노크소리처럼 끔찍스러운 막간의 순간, 범죄가 끝나고 우리가 알고 있는 세계로 귀환했음을 알리는 순간처럼 긴장감이 느껴졌다. 예상치 않은 방문자는 기대와 불안, 심지어 공포를 일으키기도 했다. 현관문에 눈과 귀를 바짝 가져다댔다. 검정 페인트로 칠해진

철문 가운데로 편백나무 쪽을 나란히 댄 문이었다. 바람을 가르고 편백향이 코로 올라왔다, 잠시 머리가 맑아지며 오늘 일을 꼭 해결해야겠다는 의지가 불타올랐다. 나무쪽 사이로 문 안의 모습이 들어왔다. 천장이 무척이나 높게 느껴지는 현관이었다. 칙칙한 갈색 타일의 계단이 두 층이 있고 갈색 테두리의 중문이 보였다. 현관은 유난히 가라앉았고 어두웠다. 중문이 열리고 중년의 남자가 나왔다. 배가 나오고 뚱뚱한 체격의 남자는 한껏 게으르고 무능해보였다. 남자는 나를 멀거니 바라보았다. 조계의 돌이 제자리가 아닌 전시 유리 안에서 어색한 자리를 차지한 것처럼 자신의 자리가 무척 어색하고 어울리지 않다는 표정이었다.

"이번에 낙찰 받은 사람입니다. 우리 한번 만나야 되지 않겠습니까?"

한 톤 높인 내 목소리는 쓸데없이 크고 우렁찼다. 한가한 주말 오후, 나른한 게으름에 빠져 있다 보면 예고 없이 울리던 벨소리에 무심코 뛰어나오기 마련이었다. 문을 열면 뜻하지 않았던 초라한 행상이 서 있거나 이단 종교의 맹신자가 서 있곤 했다. 이들은 대부분 굉장히 끈덕진 편이어서 가벼운 거절로는 쉽게 물러서지 않았다. 뭔가 소기의 목적을 달성하고 문을 열어준 행위에 대해 스스로를 혹독하게 비난하게 만들고 사라지곤 했다. 오늘은 내가 그에게 쓸데없는 행상인이거나 맹신자였다. 그도 잠시 현관을 두드리는 소리에 무의식중에 뛰어나온 자신의 행동을 자책하는 듯했다. 하지만 그는 곧 내가 떨리는 마음을 한 톤 높은 목소리에 숨겼듯이 두둑한 뱃살에 힘을 주고 말했다.

"아직 만날 준비가 되지 않았습니다."

집주인 남자는 이 말을 남기고 횅하니 되돌아섰다. 나는 여전히 대문밖에 서 있는 채였다. 그가 들어가고 난 후 천정은 더 높아진 듯했다. 칙칙한 갈색톤의 타일과 중문 테두리는 상갓집의 분위기를 풍겼다. 높은 천장에서 내려진 외줄의 조명등만 유일하게 따뜻한 인상을 줄 뿐이었다. 연꽃잎을 연상시키는 부드러운 간접조명이었다. 천장이라는 연못에 외로이 피어 있던 수련은 남자가 닫은 미닫이의 진동에 가늘게 떨렸다. 떨림이 제자리로 돌아오자 나는 처음보다 더 센 강도로 문을 두드렸다. 나무의 가는 결은 장갑을 끼지 않은 손등에 둔탁한 느낌으로 다가왔다. 남자는 흔들리지 않았다. 다시는 무의식적으로 뛰어나오는 실수는 없을 것이라는 결심을 한 듯했다. 열리지 않는 문 앞에서 한참을 서 있다 돌아왔지만 집주인 남자의 모습은 내게 강한 인상으로 남았다. 어둡고 칙칙한 장소에 갇혀 있는 표정과 눈빛에는 막다른 곳에 내몰려 피할 곳을 찾는 간절함이 있었다.

4월 내내 25℃의 기온이 계속되고 있었다. 기상청은 10년 만에 온 가뭄의 영향이라고 발표했다. 이상 기후로 한낮의 날씨는 뜨거운 여름이었지만 박물관 안은 서늘했다. 적정온도와 습도를 유지하는 항온항습기 숫자판은 18℃에서 깜박였다. 25에 비해 18이란 숫자는 실내온도가 아니어도 서늘한 느낌으로 다가왔다. 좁쌀만 한 검은 점들이 피부에 우수수 돋아났다. 에어컨의 냉방시스템 탓인지 25이란 숫자에 대한 심리작용인지 정확한 이유는 알 수 없었다. 하지만 실내는 밖의 날씨와는 전혀 다른 세상이라는 듯 여전히 서늘했고 나의 시선과는 무관하게 편안했고 요지부동이었다.

항온항습기에서는 계속 물이 떨어졌다. 18℃를 유지하려 규칙적으로 돌아가는 모터소리는 시간이 지날수록 커졌다. 가볍고 경쾌하던 소리가 점점 불규칙한 무거운 소음으로 들렸다. 재개장을 하며 새로 설치한 기계였다. AS를 불러야 하나를 잠시 갈등할 때였다.

"조계지를 직접 보면서 설명을 듣고 싶어요. 저희들 이번 학기 연구 과제거든요."

한 여학생이 지역구 의원 말을 거침없이 잘랐다. 함께 온 일행들은 나이가 들어보였다. 짧은 커트머리 탓인지 유독 그녀만이 고등학생과 같이 풋풋했다. 항온항습기 때문이라도 신흥동에 가야했다. 항온항습기에 AS가 필요하다는 말은 나의 무능력을 함께 일하는 동료 학예사들에게 털어놓는 것과 마찬가지였다. 사태를 보아가며 해도 되는 말을 미리 꺼낼 필요는 없었다. 이들을 조계지 현장으로 안내한다는 핑계는 그럴듯했다.

남자가 보여준 행동은 나를 강하게 거절하는 일종의 제스처였다. 연락도 없이 불쑥 찾아온 나의 무례함에 대한 강한 반격이었다. 약자가 칼자루를 손에 쥔 자에게, 을이 갑에게 할 수 있었던 유일한 항변이었다. 하지만 그의 뒷모습에 남겨진 잔상은 갑이었던 내게 매우 위협적이었다. 찬바람을 가르며 낙찰 받은 집을 찾았던 나는 다음날부터 고열에 시달렸다. 체온이 40℃를 오르내리자 가무러지게 잠이 들곤 했다. 잠결에 그가 어둡고 밀폐된 공간 안에서 내게 손짓하는 것이 보였다. 손을 흔들며 뭔가를 열심히 말하는 모습은 나를 힐책하는 듯, 뭔가를 어렵게 부탁하는 듯했다. 그는 어두운 그림자를 드리운 체 배회하며 나의 꿈속에서 좀처럼 떠나려하지 않았다. 공포영화를 한 편 보고 난 듯 땀으로 후줄근히 깨어났다. 한 톤 높여 그와 만나기를 청하던 호기는 슬그머니 사라졌다. 지독한 독감만이 나를 붙들고 놓아주지 않았다. 운동으로 다진 몸이라 마흔 살이 되도록 감기 걸린 횟수가 손꼽을 만큼이었는데 이상했다. 보이지 않는 억센 힘이 잡아끌며 놓아주지 않는 느낌이었다. 잔금을 낸 후 그를 내보는 일에 점점 자신이 없어졌다. 수소문하여 명도를 대행해 주는 K를 만났다. 옆 동네에 산다는 그는 젊고 쾌활했다. 경매경력 7년 차라며 자신을 소개하는 목소리에는 자신감이 넘쳤다. 계약서를 쓰고 계약금으로 약속된 금액을 송금하자 비로소 한시름 놓였다. 가슴을 누르던 무거운 돌은 내려놓은 듯 안도의 숨이 나왔다.

신흥동은 조선의 근대사를 알 수 있는 중요한 장소였다. 개화기에 조계지가 설정된 이후 활발한 움직임이 일었다. 조용한 아침의 나라는 일본과 청, 서양 나라의 이익을 실현하기에 최적의 장소였다. 도로가 설치되었고 상행위가 이루어졌다. 상업과 공업이 시작되었다. 조선을 위한다는 명목으로 행해진 모든 행위는 결국 그들 자국의 이익을 실현하는 일이었다. 조계지역은 조선이라기보다는 치외법권의 외국인 지역이었다. 현재의 신흥동도 그 모습을 닮아 있었다. 열강의 각축 속에서 앓던 몸살은 아직도 이어졌다. 인천이라기보다는 복합문화권으로 변한 지역에서 우위적 지위를 독점한 것은 청국이었다. 중국인 거리로 변한 조계지에는 빨강과 금빛으로 만들어진 휘장들이 가득했다. 바람에 휘날리는 것인지 사람의 움직임에 덩달아 춤을 추는 것인지 모르게 사람이 들끓고 정신없었다.

K는 집주인 남자가 자신을 만나려 하지 않아 아침저녁으로 집 앞을 지키고 있다는 근황을 안부 삼아 전해왔다. 며칠 후에는 드디어 집주인 남자와 이야기를 나누었다며 이사 날짜를 조정하는데 쉽지는 않을 것 같다는 말로 이어졌다.

"하지만 걱정하지 않으셔도 됩니다. 명도가 쉽게 끝나지 않을 경우를 대비해 법원에 강제집행 조치를 신청해놓았거든요."

"그 단계까지 가게 될까요?"

한 톤 높아진 목소리가 나도 모르게 나왔다.

"쫓겨나가는 것보다는 이사비용을 받고 나가는 것이 훨씬 이득이죠."

아직 만날 준비가 되어있지 않은 사람은 나인지도 몰랐다. 남자가 내게 보여준, 뒤도 안 돌아보고 돌아섰던 제스처는 경매라는 공신력을 이용해 재산을 빼앗아가려는 나에 대한 적대감의 표현이었다. 그는 그것을 통해 자신을 둘러싼 항거할 수 없는 체재에 대해, 사회적으로 둘러쳐진 피할 수 없는 망 속에서 잠깐의 날갯짓을 보여주었다. 순응이라는 아름답고 부드러운 단어는 갑이 을에게, 지배층이 피지배층에게, 사회가 시민에게, 약탈자가 대상인들에게 쥐어준 사탕일 수 있었다. 하지만 그의 거부는 성공하지 못할 것이었다.

"뒷말 없게 깔끔히 처리해주세요."

한마디를 더 남기고 전화를 끊었다. 그는 내게 받은 돈으로, 알고 있는 법으로, 날개를 단 듯 일을 진행했다. 남자는 결국 기한 내에 집을 비울 터였다. 내가 집안으로 들어서는 모습을 상상해보았다. 우선 편백나무 쪽으로 채워진 검정색 철문을 열어야했다. 편백나무는 향도 좋지만 보기에도 편안했다. 무거움과 가벼움이 어우러진 무게가 느껴지는 대문이었다. 대문을 열고 들어섰다. 천장이 높은 현관이었다. 천장에서 깊은 연못에서 올라온 수련을 연상시켰던 외줄 등이 흔들렸다. 어둡고 칙칙한 갈색의 타일 계단을 밟았다. 집주인 남자와의 첫 대면에서 그가 밟았던 자리였다. 차고 단단했다. 남자가 열었던 중문을 드르륵 열었다. 거슬림 없이 열린 문 안으로 우물을 닮은 어둠이 웅숭깊었다.

신흥동에서 근대건축물을 본 일행은 현재가 감추고 싶은 거칠고 초라한 과거의 모습에 흥미를 보였다. 건물이 어느 구역 어느 부분에 세워져 있는지, 구조는 어떤지, 어떻게 재사용 되고 있는지, 자신들끼리 묻고 답하며 되짚었다, 박물관 유리 진열장에 진열해 놓았던 조계가 서 있던 자리는 잘 정돈되어 있었다. 어제의 상처는 상상이 안 갈 만큼 깔끔하고 단정했다. 무더운 날씨 속에서 조계지를 살피는 그들의 눈은 빛났고 4월의 석양은 천천히 기울어 갔다.

감자에 싹이 났다

정이수

골목이 조용했다.

그동안 골목을 사이에 두고 벌어졌던 이웃 간의 분쟁은 결국 피를 보고서야 끝이 났다. 이틀거리로 쌈닭처럼 서로 핏대를 세우던 슈퍼마켓 여자와 파란대문집 할아버지의 질긴 싸움은 결국 여자가 3층에서 뛰어내리는 것을 끝으로 막을 내렸다. 아직 불씨가 남아 있긴 했지만 어쨌든 그날 이후 골목은 조용하다. 슈퍼마켓은 보름 넘게 문이 닫혀 있고 이번 사건의 핵심인물인 할아버지도 잠수를 탔는지 며칠째 보이지 않는다. 그리고 또 한 사람, 크고 작은 분쟁이 날 때마다 훈수를 둔답시고 한마디씩 거들며 불난 집에 부채질하던 102호 할머니도 자신에게 불똥이 튈까 그런지 입을 다문 채 몸을 사렸다.

불법 쓰레기 투척, 자동차 소음, 길고양이 울음소리, 인간군상들의 아귀다툼, 골목은 하루도 조용할 날이 없다. 창문을 열자 골목 맞은편에 있는 3층 건물과 거미줄처럼 줄을 늘이고 서 있는 전봇대가 액자 속 풍경처럼 눈에 들어온다. 며칠 전의 소동을 꿀꺽 삼킨 채 시치미를 뚝 떼고 있는 골목, 그런데 휴일 아침의 평화를 깨는 이 소리는 또 뭐지? 귀를 열자 102호 할머니의 목소리가 벽을 타고 이층 창문을 넘어왔다.

"니는 함부로 끼어들지 말그래이. 사람이 생으로 죽어 나가는 판에."

"그래도 따질 건 따져야죠. 이건 엄연히 사생활 침해라구요."

"됐다. 경찰이 왔다 갔으니 벌금을 멕이든 감방에 처넣든 알아서 하겠지."

"나 편하자고 남의 사생활은 나 몰라라 하는 것도 경우가 아니죠."

할아버지와 여자가 싸울 때마다 침을 튀며 입에 올리던 '사생활 침해'라는 말이 할머니 아들 입에서도 튀어나왔다. 죽어나가다니 설마? 피투성이가 되어 구급차에 실려 가던 여자와 하얗게 질린 얼굴로 그 뒤를 따르던 남편의 모습이 눈에 어른거린다. 이웃 간의 사소한 다툼이 살인으로까지 이어지던 사건 사고 소식을 티브이 뉴스를 통해 듣긴 했지만 바로 내 이웃의 이야기가 될 줄은 몰랐다. 여자가 깨어났다는 소식은 아직 들리지 않는다.

2차선 도로를 따라 상가들이 줄을 잇고 고만고만한 평수의 빌라와 단독주택들이 밀집해 있는 이곳은 사는 정도도 그만그만했다. 여자를 처음 본 건 지난해 가을 한양빌라로 이사를 오면서였다. 골목 입구에 있는 상가건물 1층에서 슈퍼마켓을 하고 있는 여자는 그 건물 소유주이기도 했다.

"권리금은 고사하고 시설비도 안 주고 세입자를 반강제로 쫓아냈대."

"본마누라 밀어내고 들어온 두 번째 여자라네. 하나 있는 아들은 자폐아고. 벌 받은 거지 뭐."

굳이 동네 사람들과 말을 섞지 않아도 이런저런 소문은 내 귀에까지 날아들었다. 확인되지 않은 소문이라 귓등으로 흘려들었지만, 선입견 때문인지 여자를 보는 나의 시선도 곱지만은 않았다. 세상근심 다 끌어안은 사람처럼 여자의 얼굴은 늘 그늘져 있었다. 환하게 웃는 모습을 본 적이 없다. 웃음을 잃어버렸거나 웃는 훈련이 안 된 사람처럼 표정이 없었다. 그래서인지 거만해 보이기까지 했다. 서비스업의 기본인 어서 오세요, 안녕히 가세요, 따위의 인사마저 잘라먹을 때가 많았다.

골목 끝, 파란색 철대문 앞엔 고물들이 산더미처럼 쌓여 있다. 리어카엔 아직 정리하지 않은 종이박스와 알루미늄 캔, 유리병 등 재활용품들이 가득했다. 고물 때문에 골목은 늘 너저분했고 빈병과 깡통을 분리하면서 달그락대는 소리로 시끄러웠다. 집값 떨어진다고 반상회 때마다 항의를 해봤자 소용없었다. 구청 단속반이 다녀가기를 여러 번, 하지만 할아버지는 눈 하나 깜짝 안 했다. 뉘 집 개가 짖느냐는 식으로 주위 사람들의 핀잔이나 잔소리쯤은 귓등으로 흘려들었다. 내 집 앞에 고물을 쌓아 놓든 개새끼를 묶어 놓든 무슨 상관이냐며 오히려 어깃장을 놓았다. 목에 핏대를 세우던 이웃들도 할아버지의 고집불통 앞에서는 속수무책, 본전도 못 찾고 제풀에 지쳐 입을 다물었다. 똥이 무서워서 피하냐는 식이었다. 할아버지를 함부로 건드리지 못하는 덴 또 다른 이유가 있었다. 소문대로라면 할아버지는 고물을 팔아 용돈 벌이나 하는 가난뱅이 늙은이가 아니었다. 살고 있는 단독주택 말고도 건물을 두 채나 가지고 있는 알부자라는 거였다.

"떠도는 헛소문은 아닌 것 같애. 그렇지 않으면 뒤에서 봐주는 손이 있던가."

"설마! 수십 억대 부자가 왜 변두리 낡은 주택에 살면서 궁상을 떨겠어요."

"누가 아니래. 고물수집이 취미생활이라면 몰라도."

어느 것 하나 증명되지 않은 가운데 소문만 무성했다. 이유야 어찌 됐든 할아버지의 당당함과 오만에 가까운 자존심 하나만큼은 동네에서도 알아줬다. 싸움이 붙었다 하면 끝을 보고 마는 성깔 때문에 심기를 건드리지 않는 게 상책이었다. 눈에 거슬렀다하면 몇 날 며칠이고 시달리기 때문이다. 그런데 슈퍼 여자가 겁도 없이 할아버지 코털을 건드렸다.

할아버지와 여자의 관계가 틀어지기 시작한 건 유월 초, 그러니까 마트에서 조금 떨어진 도로에 리어카가 자리를 잡으면서였다. 골목 끝에 있던 재활용품이 도로를 점령하면서 할아버지와 102호 할머니 그리고 슈퍼 여자와의 입씨름이 시작됐다. 여자는 가게 주위가 지저분하다며 툴툴거렸고 할머니는 집 앞에 재활용품이 쌓이면서 집값이 떨어진다며 언성을 높였다. 신고를 받은 단속원들이 몇 차례 다녀가고 그 때마다 할아버지는 벌금 세례를 맞았다. 고물을 팔아서 번 돈보다 어쩌면 벌금이 더 컸을지도 모른다. 보다 못한 이웃들이 한마디씩 거들었지만 할아버지의 똥고집을 당할 수는 없었다. 목소리 크고 질긴 사람이 이기는 게임 같았다.

그러다 기어이 일이 터지고 말았다. 골목 입구 슈퍼마켓 건물에 설치한 CCTV가 할아버지 레이더망에 잡힌 것이다. 동네 사람 아무도 몰랐던 사실이다. 슈퍼마켓 여자와 할아버지의 입씨름이 시작됐다. 한 치의 양보 없이 두 사람 모두 서로 자기주장만 내세웠다.

"이봐요. 애기엄마! 이건 엄연히 사생활 침해라고. 누가 누굴 감시해?"

"내 건물에 내가 필요해서 달았는데 할아버지가 웬 참견이세요."

"이런 싹수없는 여편네를 봤나. 참견할 만하니까 하지."

"계단 입구에 토해 놓고 오줌 싸는 놈들 때문에 설치한 거예요. 도대체 냄새가 나서 살 수가 있어야죠. 가게 앞에 쓰레기 버리는 인간도 많고요."

둘 다 틀린 말은 아닌 것 같았다. CCTV 설치 문제를 놓고 동네 사람들의 의견도 이쪽저쪽으로 나뉘었다. 알게 모르게 편 가르기가 시작됐다. 할아버지와 여자의 신경전도 만만치 않았다. 툭하면 고성이 오가고 입에 담지 못할 욕을 해대며 상대방 자존심에 상처를 입히곤 했다.

"할아버지! 저한테 대체 왜 이러세요? 정말 돌아버리겠다구요."

"그러니까 당장 저거부터 치우라고! 똑같은 소리 자꾸 반복하게 만들지 말구."

"남의 일에 감 놔라 배 놔라 참견하며 염장 지르지 말고, 나일 먹었으면 제발 나잇값 좀 하세요!"

"이런 버르장머리 없는 년을 봤나. 싸가지 하고는. 너는 에미애비도 읎냐? 본마누라 밀어내고 들어온 첩년 주제에. 인간망종 같으니라고."

"기막혀. 고물이나 뒤적이는 늙은이가 꼴에 대접은 받고 싶은

가 보네."

그동안 쌓인 감정이 폭발한 것일까. 두 사람 모두 이성을 잃고 막말을 해댔다. 위아래도 없이 여차하면 주먹이라도 날릴 기세다. 자신의 머리를 쥐어뜯으며 울부짖던 여자가 갑자기 할아버지에게 달려들었다. 멱살을 잡힌 할아버지가 주춤하는 사이 여자의 남편이 합세했다. 세 사람이 한데 엉켜 땅바닥에 나뒹굴었다. 누가 말릴 새도 없이 순식간에 벌어진 일이었다. 102호 할머니와 반장아줌마가 뛰쳐나와 세 사람을 뜯어말렸다. 할아버지에게서 떨어진 여자는 그래도 분이 안 풀리는지 계속 입에 담지 못할 욕을 퍼부었다. 남편이 비틀거리는 여자를 부축해 3층으로 올라갔다. 씩씩대던 할아버지가 여자 뒤통수에 대고 삿대질을 하며 욕을 퍼부었다. 싸움구경을 하던 사람들도 하나둘 흩어지고 그렇게 끝나는가 싶었다. 그런데 갑자기 쿵! 소리와 함께 남자의 비명소리가 들렸다. 여자가 3층에서 뛰어내렸던 것이다.

"누가 여기 구급차 좀 불러주세요. 빨리요. 빨리!"

지나가던 사람, 열린 창문을 통해 싸움구경을 하던 사람들의 비명이 뒤엉켰다. 사람들이 모여들고 경찰차와 구급차가 달려왔다. 피를 흘리며 널브러져 있던 여자가 구급차에 실리고 남편이 그 뒤를 따라갔다. 방금 전 여자와 몸싸움을 벌였던 할아버지는 이 끔찍한 상황이 믿기지 않는지 쉽사리 자리를 뜨지 못하고 골목 입구에 서서 사라져 가는 구급차를 멍하니 바라보고 있었다.

골목 사람들은 한동안 입을 다물었다. 슈퍼가 문을 닫아 불편하다는 말도 102호 할머니가 제일 먼저 했다. 다행히 여자는 중환자실에서 일반병실로 옮겨졌다고 한다.

시세에도 훨씬 못 미치는 싼 가격에 집을 내놓았다. 사업 실패 후 돈에 집을 맞추느라 떠밀리다시피 변두리로 왔는데 정붙이고 살기에는 주위환경이 너무 열악했다. 책장을 정리하던 날 처음으로 할아버지를 찾아갔다. 많은 양의 책을 1층까지 끌어내리는 일이 엄두가 나지 않아서였다. 천여 권이 넘는 책을 건네받은 할아버지는 그냥 지나치기 뭣하다며 답례로 감자 한 박스를 들고 왔다. 자신이 직접 심어 가꾼 것이라 했다. 배보다 배꼽이 더 큰 것 같아 몇 번이고 사양했지만, 할아버지의 황소고집을 꺾을 수는 없었다.

"꼴은 우스워도 농약 한 번 안친 무공해라우."

"애써 농사지으신 건데 팔아서 용돈 만들어 쓰세요."

"팔긴. 농사꾼도 아니고 그냥 재미삼아 이것저것 심어 가꾼 것이니 걱정하지 말아요. 두 늙은이가 먹으면 얼마나 먹겠어."

할아버지의 갑작스런 친절이 부담스러웠다. 골목대장처럼 툭하면 싸움질이나 하던 그 할아버지가 맞나 싶을 정도로 말끝에 친근감이 묻어났다.

현관 벨 소리에 잠이 깼다. 아침부터 누구지? 시계는 열 시를 가리키고 있었다. 현관 모니터 화면에 할아버지 모습이 나타났다. 세상에나! 나도 모르게 신음소리가 났다. 현관문을 열자 할아버지 손에 들려있는 까만 비닐봉지가 먼저 눈에 들어왔다.

"아침에 농장 가서 따온 거야. 필요하면 언제든지 얘기해요."

"저 주려고 일부러 아침 일찍 농장엘 다녀오셨어요?"

"그럼 내가 거짓말할까."

"고맙습니다. 잘 먹을게요. 그런데 할아버지…."

나는 차마 다음 말을 잇지 못했다. 할아버지한테 제대로 코가 꿴 것 같다.

풋고추, 호박, 상추, 열무, 참외, 방울토마토 냉장고엔 할아버지가 가져다준 푸성귀들이 넘쳐났다. 손도 안 대고 봉지째 버려지는 것도 있었다. 그럴 때마다 농약이 무엇인지도 모르고 자란 무공해 농작물에게 그리고 할아버지에게 미안했다.

덜그럭대는 소리가 나서 내려다보니 할아버지가 도로에 쭈그리고 앉아 빈병을 정리하고 있었다. 이층에서 내려다봐서 그런지 반소매티셔츠 차림의 할아버지가 오늘따라 무척 왜소해 보인다. 외출준비를 하다말고 난 한참을 그렇게 할아버지를 내려다보았다.

골목이 조용하다. 열린 창문을 통해 감시카메라가 매달려 있는 건물을 올려다본다. 이사하기 전에 슈퍼여자를 다시 볼 수 있을까?

방치해둔 까만 비닐봉지 속에서 뭔가가 삐죽이 목을 뽑는다. 아! 감자에 싹이 났다.

메타세콰이아 숲

임연화

메타세콰이아 숲으로 가는 길은 온통 흰 눈으로 덮여 있다. 사람들로 북적이는 거리 중간쯤에서 몸을 돌려 한적한 골목길로 접어든다. 계획한 일을 잘 끝낼 수 있을까. 먼저 나를 시험해 보러 떠나는 날 예정에 없던 눈이 내린다. 오늘은 혼자 이 길을 가지만 전에는 가끔 무무와 동행하기도 했다. 좁은 골목을 지나는 행인들은 굵은 눈송이를 머리 위에 차곡차곡 받아 이고 더듬거리며 걸어간다. 약수통을 들고 느릿느릿 걸어오던 중년 남자가 내 손에 들려 있는 도끼를 보더니 내 얼굴을 힐끗힐끗 쳐다본다. 그가 나를 지나쳐 간 뒤에는 등 뒤가 따갑다. 도끼를 사람들의 시선에서 떼어놓으려고 앞뒤로 번갈아 가며 감춘다.

길이 끊어진 숲 속을 바람이 휘젓고 돌아다닌다. 눈 속에 발이 푹푹 빠진다. 눈이 오지 않았다면 그동안 내 발자국이 만들어 놓은 길이 어렴풋이 보였을 텐데 지금은 아무런 흔적도 없다. 등이 굽은 소나무가 있었고 사람처럼 두 팔을 들어 올리고 서 있는 벚나무가 있었는데 보이지 않는다. 수없이 왔던 길이라 익숙해질 만도 한데 잎이 지고 나면 새로운 길이 되어 허둥거린다. 이젠 눈이 내려 또다시 낯선 길이 되고 말았다. 내가 살아가는 일도 매양 이랬다. 칡덩굴이 발목을 잡아당긴다. 도끼로 단단한 줄기를 찍는다. 칡덩굴은 쌓인 눈 때문에 쉽게 잘라지지 않는다.

뒤엉킨 칡덩굴을 잡아당겨서 간신히 발을 빼낸다. 도끼로 산허리를 찍으며 아래로 아래로 내려간다. 나를 처음 받아 주었던 거대한 메타세콰이아 나무 아래 다다랐다. 나무는 눈 덮인 피라미드처럼 나를 압도하고 서 있다. 전에는 이 나무에게서 한 번도 이런 위용을 느껴보지 못했다. 갑자기 나를 주눅 들게 하는 나무가 무섭다. 지나간 많은 시간 동안 나는 이 거대한 나무의 몸짓을 이해한다고 생각했는데….

봄마다 연둣빛 깃털 같은 잎사귀를 무수히 달고 무한 공간으로 날아가는 새처럼 가지를 퍼덕거릴 때, 새가 되지도 못하고 땅 위에 있는 나무들과 얼굴을 마주하지도 못하는 메타세콰이아의 고독한 모습을 보았다. 뜨거운 여름날, 갈맷빛 잎사귀를 보며 자신의 의지와는 상관없이 꾸역꾸역 분출되는 생명이 주체스러워 작열하는 태양빛에 온 몸을 송두리째 내맡겨 태우고 있는 메타세콰이아의 자학적인 모습을 보았다. 가을날 오후, 태양빛에 온통 갈색으로 타 버린 이파리를 바람에 훌훌 털어 버리는 메타세콰이아의 잔인한 웃음을 보았다. 잎을 다 털어낸 뒤 허허롭게 서 있던 메타세콰이아는 겨울이 되면서 끝내지 않는 생명과 반복되는 일상에 진저리를 치고 있었다. 칠천만 년 전 함께 살던 공룡이나 암모나이트 등은 화석만 남긴 채 사라졌지만 메타세콰이아는 빙하기와 대홍수, 지진 등으로 산이 물로 뒤덮이고 평지가 산이 되어도 멸종되지 않고, 살아 있는 화석 식물로 지금껏 생존하고 있다.

가끔 나는 무무가 일하는 클럽으로 갔다. 무대 위에서 트럼펫을 불고 있는 무무, 가수 뒤에서 유행가 반주를 하고 있는 무무를 안타깝게 바라보았다. 사람들은 무대에 관심이 없었다. 취한 사람들의 말소리가 노래보다 더 크게 들렸다. 연주 도중 어떤 취객은 '그따위 노래는 집어치워.' '야, 술맛 떨어진다. 내려가!' 하며 큰소리로 야유를 던지기도 했다. 무무는 조금씩 시들어가고 있었다. 세종문화회관 대강당에서 졸업 연주를 할 때 무무의 모습은 정말 푸르렀고 거침이 없었다. 큰 무대를 꽉 채운 합창단과 관현악단. 그들이 만들어 내던 웅장한 소리들. 그때 연주했던 베토벤의 <환희의 송가> 화음이 내 안을 가득 채웠다. 내가 입장권도 없이 들어가겠다고 떼를 쓰는데도 무무는 화를 내지 않았다. 난처하게 웃는 웃음도 싱싱했다. 검은 정장을 입고 안내하는 대학생들 중에서 무무의 모습은 돋보이게 씩씩하고 밝았다. 밝은 무대에서 천둥처럼 몰아치던 트럼펫 소리를 잊을 수가 없었다. 무무가 주인공인 무대는 그 이후로 없었다. 졸업 후 국립관현악단이나 시립 관현악단, 방송국의 좁은 문을 통과하지 못해서 대학 때 하던 클럽 아르바이트를 계속하고 있었다.

자정이 넘어 클럽을 나온 우리는 가까운 모텔로 향했다. 방에 들어가자마자 무무는 침대에 쓰러졌다. 한참을 멍하니 누워 있었다.

"산에 올라 나팔이나 실컷 불면서 살고 싶다."

중얼거리며 나를 보는 무무의 눈동자에는 푸른빛이 남아 있지 않았다. 20대의 싱싱한 눈동자가 아니었다. 나는 무무의 두 눈에 입을 맞추었다.

"제발 눈 뜨지 마."

아직도 트럼펫을 불고 있는 것처럼 조금씩 움직이고 있는 무무의 입술을 내 입술로 누르고 그의 단단한 두 다리를 부드럽게 어루만지며 다짐을 해 두었다.

"나하고 있을 때는 아무 생각하지 마! 그냥 몸이 시키는 대로 하면 돼!"

내 손과 입술의 움직임에 따라 무무의 팔과 다리가 푸른 나뭇가지처럼 바람에 흔들리기 시작했다. 작은 일렁임에서 시작한 움직임은 빠른 속도로 광포한 몸부림이 되어갔다. 푸른 가지들의 격렬한 율동에 호응하는 내 몸도 따라서 푸른 광기에 휩싸였다. 우리는 기운이 다 소진될 때까지 광풍에 몸을 맡겨 두었다. 시간이 얼마가 흐르든 상관하지 않았다. 미세한 일렁임만 남아 있어도 잠을 자지 않았다. 손가락 하나 까딱할 수 없을 지경이 되어서야 푸른 가지들이 내 몸에서 떨어져 나갔다. 손이 닿아도 쥐어볼 힘도 없어 서로 멀거니 바라보다가 이내 혼곤히 잠들었다.

굵은 눈송이가 가파른 산비탈을 가득 메웠다. 눈발 속에 우뚝 서 있는 메타세콰이아는 운무 속에 몸을 숨긴 거대한 피라미드 같다. 마음 한끝에서 두려움과 망설임이 고개를 든다. 내 남루한 삶을 쳐내듯 눈을 부릅뜨고 도끼로 메타세콰이아의 밑동을 힘껏 내리친다. 무수한 나뭇가지들이 일제히 몸을 떨며 비명을 지른다. 마른 가지 위에 앉아 있던 흰 눈들이 놀라 뛰어내린다. 도끼는 나무속을 파고들지 못한다. 기껏 보굿켜만 조금 부스러뜨렸을 뿐이다. 계속해서 같은 곳을 도끼로 내리찍는다. 메타세콰이아는 단단하게 버티고 서서 몸속을 파고드는 도끼날을 밀어낸다. 나무 밑동을 찍던 도끼가 그대로 튀어나온다. 그 힘에 밀려 도끼자루를 놓치고 만다. 도끼는 에둘러 서 있는 작은 메타세콰이아들을 닥치는 대로 찍으며 굴러 내려간다. 서너 그루의 나무들을 상처 내고 제풀에 지쳐 누워 있는 도끼를 집어서 다시 나무를 찍기 시작한다. 나무 밑동을 찍는 소리에 눈 속에 파묻혔던 내 신산한 삶의 기억들이 하나 둘 몸을 일으킨다.

쉴 새 없이 아르바이트를 해야만 겨우 먹고 살 수 있었던 나의 20대. 무대에서 다른 사람으로 살아보는 게 유일한 즐거움이었지만 그것 또한 내겐 대단한 사치였다. 밥벌이도 안 되는 연극을 하겠다고 나설 때부터 내 젊음은 전쟁의 시작이었다. 무대 위에서 맛보는 잠깐의 기쁨을 위해 너무 많은 것을 지불해야 했다. 밥벌이를 위해 여기저기 뛰어다니며 별별 짓을 다 했다. 최소한의 생계비를 벌면 다시 모여 연극을 했다. 밥벌이하며 느껴야 했던 모멸감을 연극을 통해 풀어내며 어찌어찌 20대를 보냈지만 서른이 넘으니 그것도 어려웠다. 고생하며 같은 길을 걸어 왔던 오래된 연인이 내 곁을 떠났다.

능력 있는 여자를 만나 결혼을 했다. 그가 자신의 청첩장을 들고 나를 만나러 왔을 때 나는 그의 뺨을 때릴 수 없었다. 나도 그가 한 것처럼 능력 있는 남자를 만나 결혼하고 싶었기 때문이었다. 능력 있는 남자가 가난한 여자와 사랑에 빠져 결혼한다는 이야기는 전설이 된 지 오래였다. 내 오래된 연인은 전생에 나라를 구한 모양이었다. 나는 너무 지쳤고 아팠다. 아르바이트를 구하기도 어려웠고 내게 일을 주는 곳이 있어도 몸이 견뎌내지 못했다. 나의 유일한 판타지인 연극판은 갈수록 가난해졌다.

소리의 끈을 통해 들어 온 기억을 따라가면서도 손은 자동으로 나무를 찍는다. 날카롭게 벼려진 도끼날은 메타세콰이아의 보굿켜와 부름켜를 지나 목질부 깊숙한 곳까지 들어가 있다. 흰 눈을 털어내고 알몸이 된 메타세콰이아는 심하게 떨고 있다. 도끼를 빼내어 눈 위에 던져두고 폭신한 백색 양탄자 위에 주저앉는다. 밑동이 반 이상 잘린 메타세콰이아는 중심을 잃고 흔들린다. 삼각형의 꼭짓점이 산비탈 아래로 조금씩 움직이기 시작한다. 도끼를 대지 않았는데도 나무가 저절로 기울고 있다. 삼십 미터 이상의 반지름을 가진 커다란 부채꼴을 허공에 그리며 메타세콰이아는 서서히 백색의 심연 속으로 빠져들고 있다. 메타세콰이아는 거인의 빗자루가 되어 하늘에 날리는 눈을 땅 위로 휘휘 쓸어내린다. 도끼날에 찍히지 않았던 나무 밑동이 날카로운 소리를 내며 갈라진다. 천천히 뒤집히는 웅장한 피라미드를 보고 있자니 갑자기 등골이 오싹해진다. 공포와 대결하듯이 도끼를 들어 마지막 끈을 놓지 않고 있는 보굿켜를 사정없이 내리찍는다. 작은 나무들 위에 얹힌 눈들을 먼지처럼 털며 메타세콰이아는 숲을 뒤흔드는 단말마의 비명과 함께 산비탈 아래로 나가떨어진다. 다른 나무 위에 부딪힐 때마다 거대한 몸체가 벌떡 일어날 듯 요동을 친다. 넘어진 메타세콰이아의 뿌리에는 무무와 나의 시간이 고스란히 스며들어 있다.

무무는 메타세콰이아 숲에 오면 싱싱해졌다. 튼튼한 두 다리를 벌리고 서서 하늘을 향해 트럼펫을 불었다. 홀스트의 관현악곡 <행성들(The Planets)>을 연주했다. 홀스트가 곡을 붙인 일곱 개의 행성 중에서 봄에는 날개 달린 신의 사신 '수성(Mercury)'을 연주했다. 연두색 깃털 같은 메타세콰아 나뭇잎을 머리에 꽂고 론도풍의 경쾌한 곡을 익살스럽게 연주했다. 무무는 날아오를 듯 나팔꽃관을 하늘로 향해 흔들며 리듬에 맞춰 몸을 움직였다. 빠른 스타카토를 연주하느라 세 개의 피스톤밸브 위에서 손가락이 바쁘게 움직였다. 발을 구르며 박자를 맞추기도 했다. 무무의 몸은 열기를 더해 갔다. 나는 무무의 열정을 구경만 하고 있었다. 무무는 곡이 끝나고 기쁨에 들뜬 얼굴로 내게 다가와 입맞춤을 했지만 난 그 불길에 가 닿지 못했다. 무무의 입술에 남아 있던 마우스피스의 차가운 감촉만 전해져 올 뿐이었다. 여름에는 쾌락의 신 '목성(Jupiter)'을 연주했다. 짙푸른 나무 아래에서 무무의 트럼펫 연주는 쾌락을 갈구하며 도약을 하고 있었지만 나의 몸은 점점 무너지고 있었다. 자잘한 갈색 낙엽이 수북하게 쌓여 있는 가을에 무무는 전쟁의 신 '화성(Mars)'을 연주했다. 무무는 새로운 직장을 구했다고 했다. 먼 곳이어서 당분간은 만나기 어렵다고. 트럼펫 연주는 씩씩함이 지나쳐 총 칼이 난무하는 전쟁터를 연상시켰다. 피스톤밸브가 숨가쁘게 들고나면서 총소리가 콩 볶듯이 났다. 나는 쌓인 낙엽 위에 눈을 감고 누워 걱정을 이기지 못해 난폭해지는 무무의 연주를 듣고 있었다. 내 눈 속의 캄캄한 우주에 수많은 성운과 성단이 움직이고 있었다. 가스 성운 속에서 막 태어난 젊은 별들이 모여 있는 산개 성단이 빛나고 있었다. 한쪽에는 나이가 백억 살쯤 되는 늙은 별들의 무리인 구상 성단이 공처럼 둥글게 모여 있었다. 구상 성단도 산개 성단 못지않게 아름다운 빛을 내고 있었다. 그 사이로 별이 되지 못한 암흑 성운이 떠돌고 있었다. 빛을 내지 못하는 우주의 가스와 티끌이 모여 만들어진 암흑 성운은 맨눈으로는 볼 수 없다. 가까이에 밝은 별이 있을 때만 희미하게 빛날 뿐이다. 산개 성단의 밝은 별 하나가 내게로 다가왔다가 사라지고 있었다. 트럼펫 연주는 끝났다. 뜨거운 열기가 차가운 내 몸을 덮었다. 무무가 아무리 사납게 내 몸을 학대해도 나는 아프지 않았다. 무무의 격정과 분노가 내 몸을 피투성이로 만들어도 나는 무심하게 메타세쿼이아 우듬지에 걸린 구름을 보고 있었다. 묘망한 하늘 가운데 혼자 조용히 흔들리고 있는 메타세쿼이아가 아득하게 나를 내려다보고 있었다. 갈색 깃털이 우수수 떨어져 내렸다. 메타세쿼이아의 가냘픈 가지들이 바람 불 때마다 내게 수많은 말들을 떨어뜨리고 있었다. 제풀에 지친 무무가 내 옆에 누워 소리 없이 울고 있었다. 나는 무무의 눈물을 닦아주었다. 우리는 해가 질 때까지 함께 있었다. 그날 나는 무무의 손을 꼭 잡고 멀리까지 배웅해 주었다. 나는 안녕이라고 말했고 미안하다고도 했다. 무무는 아주 조그만 소리로 말했다. 너는 아무것도 끝내지 못할 거야.

도끼를 나무 그루터기에 꽂아 둔 채 숲을 나온다. 거인의 시체처럼 넘어져 있던 메타세쿼이아가 벌떡 일어나 뒤쫓아 오는 것 같아 걸음을 재촉한다.

나는 산꼭대기에 앉아 있다. 산 아래에서 하얀 물체가 올라오고 있다. 꾸물거리며 가까이 올라오던 하얀 물체는 눈앞에서 갑자기 메타세콰이아 무리로 변한다. 밑동이 잘린 거대한 메타세콰이아 무리가 무수히 많은 손과 눈을 달고 내게로 덤벼든다. 눈을 부릅뜨고 손으로 나를 찌를 듯이 달려든다. 한 무리의 메타세콰이아가 흉측한 괴물이 되어 나를 삼킬 듯이 으르렁대다가 사라지고 나면 다시 산 아래에서 끊임없이 하얀 물체가 생겨나 나를 덮친다. 가위눌려 나오지 않는 소리로 컥컥대다가 깨어난다. 온 몸에 땀이 흥건하다. 불을 환히 켰는데도 무섭다. 갑자기 벽에 걸려 있던 옷들이 세모 모양으로 변하더니 시뻘건 눈을 달고 내게 달려든다. 놀라 눈을 감으면 거기 또 메타세콰이아 괴물이 나타난다. 눈을 뜨면 방 안에 있는 모든 물건들이 하얀 천을 뒤집어쓰고 눈을 부릅뜬 채 내게로 달려든다. 눈을 감아도 떠도 보이는 건 모두가 눈을 부릅뜬 괴물뿐이다. 창문에 새벽빛이 어른거릴 때까지 괴물에게 시달린다. 괴물이 사라진 아침, 손가락 하나 움직일 기운이 없다. 입안은 바싹 말랐고 입술은 까맣게 탔다. 창밖에서 사람들의 기척 소리가 들린다. 비로소 잠이 나를 찾아온다. 아이들 떠드는 소리, 차 소리, 확성기 소리… 밖의 소리가 끊이지 않아야만 잠을 계속 잘 수 있다. 해가 지고 어둠이 서서히 창을 타고 넘어오면 또다시 괴물이 눈앞에 어른거린다.

무무의 말처럼 나는 아무것도 끝내지 못할 것 같은 막막한 예감에 사로잡힌다. 쓰러진 메타세콰이아 또한 무거운 몸을 벌떡 일으켜 세우고 시퍼런 눈으로 나를 기다릴 것만 같고.

별을 찾아서

김미희

꿈 속에서 오른쪽 젖가슴이 저리고 아파 잠을 깼다. 유방 안쪽 갈비뼈가 아픈 건지 유방에 병이 있는 건지 뜨끔거려 어찌할 방법이 없었다. 거실로 나가 강으로 난 베란다 창을 열고 밖을 본다. 아침은 멀었는지 하얀 조각달이 서쪽하늘에 걸려 있다. 한강을 가로지르는 다리위에는 하늘에 있어야 할 많은 별들이 유성처럼 흘러가고 있었다.

해장국을 끓이기 위해 북어를 꺼내 잘게 찢었다. 찢은 북어를 살짝 물에 불려 참기름을 넣고 볶았다. 어젯밤에 만들어 놓았던 육수를 냄비에 붓고 한소끔 끓여 콩나물을 넣고, 마늘과 파로 마무리 했다. 식탁에 먹지도 않을 여러 가지 밑반찬을 꺼내놓고 남편과 고3인 아들을 깨운다. 전날 술을 마시고 온 남편은 국물만 마신다. 아들도 남편을 닮아 국물만 마신다. 이 집에 온 뒤 2년 동안 똑같은 아침 풍경이다. 두 사람이 나갔다. 밖은 아직 어둠이다. 창밖으로 문득 유성이 지나갔다. 도시의 하늘에도 설마 유성이 보일까.

툭 하고 실이 끊어졌다. 아이에게 주려고 모자를 뜨는 중이었다. 오전 중으로 모자를 완성하면 이미 다 짜 둔 망토와 함께 아이가 있는 병원에 가 볼 작정이었다. 실이 끊어지는 소리는 불길한 무슨 암호 같았다. 내 인생에서 뭔가 끊어져 나가는 소리.

털실꾸러미에서 새 것을 꺼내 처음부터 다시 시작하려는데 전화가 울렸다. 나는 거실에 걸린 시계를 바라보았다. 아이가 갔어요. 아이 아빠는 탁한 목소리로 부고를 알렸다. 아이의 하얀 머리통이 시리게 가슴을 훑고 지나갔다. 10살. 그 아이의 생일이 며칠 남지 않았는데 열 살도 못 채웠군. 벚꽃이 활짝 필 때 내게로 와 2월에 태어난 아이. 은별이라는 이름을 안 것도 얼마 전이었다.

절에 가는 산길에는 어제 내린 눈이 하얗게 웃고 있다. 야트막한 언덕배기를 돌자 저수지가 나타났다. 저수지는 아침 햇살을 받아 하얗게 반짝거렸다. 수 만 마리의 갈치들이 떼를 지어 노는 모습이었다. 갈치처럼 반짝거리는 비늘을 보고 있노라면 진짜 갈치가 뛰어 오를 것 같았다. 갈치저수지라 한 것이 이해가 갔다. 가는 길을 묻는 내게 스님은 갈치 저수지를 끼고 돌면 된다고 했다. 나는 저수지가 끝나는 서편에 서서 물의 흐름을 잠시 지켜보았다. 이제 조금만 더 가면 혜원스님이 옮겨 간 절이 나올 것이다.

주차하는 소리를 듣고 한 걸음에 달려 나온 스님은 내 손을 꼭 잡는다. 2년 만에 만난 스님의 두 손이 까칠하다. 내 손은 그 사이 편안에 길들여져 스님 손의 까칠함이 심하게 느껴질 뿐이다. 내 가슴을 꺼내 만진다면 이 손보다 더 까칠하리라. 절에는 스님과 공양주 보살뿐이다. 깊은 산중에 있는 작은 절에 허옇게 배가 부른 흰둥이와 누렁이 개 두 마리가 어슬렁거린다. 스님은 내 손을 잡은 채 법당으로 나를 데리고 간다. 스님의 눈에는 많은 질문이 담겨 있고, 내 가슴에는 더 많은 말이 담겨 있다.

스님과 함께 삼배를 했다. 요즘도 새벽마다 천 배를 하십니까. 내 일이 그건데 뭘. 스님이 나를 남겨두고 나가신다.

법당엔 부처님과 나 혼자남았다. 법당 안이 을씨년스럽다. 2월의 추운 날씨 때문이겠지만 문과 마주선 등짝으로 연신 찬바람이 들어온다. 마음만큼이나 움츠려 든다. 반라인 부처상을 보며 절을 시작했다. 50배를 넘어서자 이마에 땀이 맺힌다. 두툼한 겉옷과 조끼를 벗었다. 108배를 끝내고 잠시 앉자마자 한기가 몰려왔다. 몸의 간사함이 두렵다. 나는 두 번째 108배를 시작했다. 다리가 후들 거리고 온 몸이 휘청 거린다. 나는 두 손에 든 염주로 숫자 세는 일을 그만두고 절만 한다. 땀이 등과 배, 얼굴에 흥건히 고인다. 아이의 환영은 눈앞에서 어른거리다가 이젠 부처님이 앉아 계시는 불단 위로 올라가 앉았다. 원망스런 눈빛으로 나를 본다. 나는 귀자모신보다 더한 업보를 지었나.

스님 저도 구제 받을 수 있을까요. 나의 질문에 경전을 들고 있던 가만히 덮어 놓고 경전에 나오는 귀신 이야기를 하나 해 줄게 하셨다.

히말라야 산속에 노귀신왕老鬼神王 반도가般闍迦의 아내인 귀자모신이 살고 있었지. 그녀에게는 오백 명이나 되는 많은 자식이 있었어. 귀자모신은 성격은 포악했어도 그 많은 자식을 지극히 사랑했대. 그런데 남의 자식은 대수롭지 않게 여길 뿐만 아니라 남의 아기를 보기만 하면 잡아먹었다는 거야. 아기를 잃은 사람들은 부처님에게 그녀의 못된 버릇을 고쳐 주도록 부탁했어. 부처님은 귀자모신의 막내아이인 빈가라嬪伽羅를 살짝 감추었어. 그녀는 7일간이나 울며 찾아다녔으나 찾지 못하고 석가모니에게 아기의 행방을 물었단다.

"그까짓 딸 하나 없다고 야단법석 할 것 없지 않느냐? 고 석가모니가 말했지.

그 말을 들은 귀자모신이 화를 냈다는군.

"자비하신 줄 알았는데 딸을 잃어서 슬퍼하는 저에게 그런 말을 하실 수가 있습니까?

그러자 석가모니가 석류를 하나 주며 말하길

"많은 자식 중 하나를 잃어도 자식을 잃는다는 것은 그렇게 슬픈 것인데 한두 명밖에 없는 자식을 잃은 부모는 얼마나 가슴이 아프겠는가? 그러니 오늘부터는 아기를 잡아먹지 말고 이것을 먹어라." 그 말을 듣고 그녀는 크게 뉘우치고 참회의 눈물을 흘리면서 다시는 아기를 잡아먹지 않겠다고 맹세하였다는구나. 이것이 인연이 되어 귀자모신은 불교에 귀의하고, 해산과 육아양육을 맡아보는 신이 되었단다. 아이 때문에 고통 받는 인연은 알게 모르게 귀자모신에게 연관되어 있는지도 모르지. 혜원 스님은 알듯 말듯 한 말씀을 했다.

스님을 따라 중이 되고자 했다. 스님은 내가 맡은 역할은 따로 있다며 머리 깎는 일만은 말렸다. 그 때 중이 되었다면 이 고통은 부처님과 같이 자비로운 얼굴로 인연의 업보라며 가볍게 넘어 갈 수 있을까.

내 마음 속의 소리인지 부처님의 말씀인지 환청이 들려온다. 내 잘못은 아니라고. 나는 못 들은 척 계속 절을 했다. 비틀거려 일어나기 힘들면 아주 천천히 동작을 반복했다. 나는 답을 원치 않았다. 나를 부서뜨려 나를 버리는 것. 길을 안다는 것은 모른다는 것보다 나을 바가 없었다. 이미 아는 답이었지만 결국은 가 보고야 말았지 않은가? 눈물이 흘렀다. 눈물은 코로 입으로 범벅이 되었다. 소리를 내지 않으려 입술을 깨물었다. 해가 뉘엿뉘엿 해 질 무렵 산을 내려왔다.

*

처음부터 내 아이라고 할 수도 없었다. 내 뱃속에 아이지만 그들 부부의 체외 수정된 아기씨였을 뿐이다. 몸으로 쉽게 돈을 벌 수 있다는 얕은 생각부터가 잘못이었다. 생명을 탄생시키는 일은 오로지 신만이 가능한 일이었다. 신의 영역을 침범한 과학은 이제 우리들에게 공범자가 되길 강요했다. 나는 신이 내게 내린 가혹한 운명에 맞서고자 했다. 사실은 돈이 필요했고 망가진 육신을 포기할 요량이었다.

목돈이 필요했다. 작은 욕망은 끊임없이 일었다. 임시로 사는 월세방이 아닌 나만의 공간이 필요했다. 그리고 쉬고 싶었다. 그들과의 계약엔 아이를 낳은 후 산후 조리와 함께 한 달간 젖을 먹이고 난 시점에 돈을 완불하기로 되어 있었다. 임신기간 동안의 생활비는 그들이 댔다. 그 순간만은 안락했다. 뱃속에 생명이 깃든 충만감과 갓난아기를 보듯이 내게 늘 조심하는 부부의 눈빛. 그런 행복은 찰나에 불과한 것이란 걸 알았기에 좀 더 편안하고 싶었는지도 몰랐다.

그들이 구해 준 방은 한적한 변두리에 깨끗하고 햇살이 잘 드는 창 넓은 방이었다. 나는 스님이 계시는 절에 있고 싶었으나 교통이 나쁘고 병원도 멀어서 안 된다고 했다. 뱃속의 아기는 탈 없이 무럭무럭 자라고 있었다. 네 번을 임신하고도 한 번도 아기를 낳지 못한 내 몸은 체외수정 한 번에 덜컥 임신이 되었다. 유산 기미도 없이 정상적이었다. 단칸방에 갇혀 아무것도 하지 않고 태교만 하는 일은 일주일도 못가 진력이 났다. 입덧이 멈추자 장마가 왔다. 나는 창밖으로 흐르는 빗소리를 들으며 뜨개질을 했다. 아이의 양말과 모자, 장갑을 몇 개씩 짰다. 가끔 동대문 시장에 가서 실을 사왔다. 처음에는 그들 부부가 가을에 입을 스웨터도 하나씩 짰다. 그들도 내가 텔레비전이나 보는 것보다는 뜨개질하는 것을 좋아했다. 필요도 없는 옷들이 쌓여 갔다. 어느새 나는 전해주지도 못할 아기아빠의 옷을 여러 벌 뜨고 있었다. 그들은 내 배가 불러오자 1주일에 한 번 씩 찾아 왔다. 나를 침대에 눕게 하고는 뱃속의 아이에게 엄마, 아빠의 말을 들려주었다. 아기아빠는 나와 눈이 마주치지 않았다.

병원에서는 내 자궁에 있는 난자를 추출해서 버렸다. 여자와 그 남편의 체외수정란을 여자와 나의 자궁에 각각 심었다. 여자는 아기만 생각하면 수치심도 고통도 참을 수 있다고 했다. 시술대 위에서 나는 아기를 갖기 위한 도구에 지나지 않았다. 여자에겐 형식적으로 하는 시술도 대리모인 나에게는 완벽하게 해야 했다. 그 병원의 위상을 생각해서 실패란 있을 수 없었다. 양 허벅지를 가죽 줄로 묶고 침대를 기울여 자궁이 잘 보이도록 불을 환하게 켰다. 차갑고 소름끼치는 도구들이 번갈아 자궁을 휘저었다. 아무 설명도 없이 하반신을 천정으로 향한 채 두 시간이 지나서야 침상에서 내려 올 수 있었다. 그들에겐 우리의 수치심은 씹다 버린 껌이나 생리대 따위만큼이나 가치 없었다. 그 여자처럼 임신이 안 되는 환자는 병원의 평균치만 까먹는 불량환자였다. 오로지 착상이 잘 되고 아이를 잘 낳는 환자가 환영 받았다. 인공수정을 하려는 환자는 넘치게 많고 병원의 주가는 나날이 올라갔다. 한 번에 2백만 원 이상이 드는 비용인데도 몇 번씩 시술을 통해 아기를 갖길 원했다. 나는 집 앞 하천가에 핀 유채꽃밭을 산책하다가 꽃향기에 아침 먹은 걸 토해냈다. 그전과는 다른 느낌의 임신 징후였다. 여자는 아예 착상도 되지 않았다. 혼자서만 입덧을 했다.

정상으로 딸아이가 태어났다. 여자는 산후조리원에서 한 달간 같이 생활했다. 신생아실에 있는 아이에게 젖을 물리려면 여자가 데리고 왔다가 데려다 주었다. 나는 젖을 물리는 시간 말고는 아이를 제대로 안아 보지 못했다. 신생아실에 아이를 보러 가는 것도 그들 부부만 가능했다. 씨받이도 아니고 아이와의 관계만 맺어진 이상한 부모 관계. 아무리 아니라고 부정해도 아이는 내 뱃속에서 나온 내 아이다. 아이를 낳을 때의 고통보다 심했다. 20일 만에 아이와 여자는 떠나 버렸다.

아이와 아이부모에게서는 연락이 없었다. 어디서 무얼 하고 사는지 알 방법이 없었다. 나는 아이를 찾으려고 미쳐서 날 뛰었다. 현실의 대책없이 잃어버린 아이에 대한 집착이 나를 괴롭혔다. 스님은 나의 혼처를 마련했다. 상처해서 아들과 혼자 사는 신도가 있다고 스님은 나를 그 집에 밀어 넣다시피 했다. 인연은 다 따로 있는데 억지 인연을 만들며 살지 말라고 했다. 나는 남편에게 아이는 낳지 않겠다고 했다. 고등학생인 남편의 아들은 뒷바라지 할 것도 없었다. 평범하지만 평안한 생활이었다. 어떤 것에도 욕심을 내지 않으려 애썼다. 남편과 아들은 적당한 거리를 두고 나를 대했다. 나에게 주어진 역할에 충실하게 연기하는 것처럼 살고자 했다. 그 아이와 내 아이들을 잃어버린 대신 지금의 아이를 뒷바라지 하는 걸로 액땜하고 싶었다. 우리만의 아이가 가지고 싶다는 남편의 욕망을 무시했다.

지난 가을 그 아이 아빠에게서 연락이 왔다. 나는 그 쪽으로 아무리 연락하고 싶어도 방법이 없는데, 그들은 날 찾고자 하면 어디에 숨어 있어도 연락 가능한 현실이 어이가 없었다. 그 아이가 아프다고 했다. 아이가 그냥 아파서는 날 찾을 일도 없을 테고, 아이가 죽어도 나에게는 연락 할 일이 없을 관계가 아닌가? 그 아이가 내 존재를 알아서 찾는 것도 아닐 테고. 온갖 상상을 다 하면서 그 사람을 만났다. 아이는 백혈병이라 골수이식이 필요하다며 조직검사를 해 달라고 했다. 필요할 때면 언제나 찾을 수 있는 사람들. 그들은 아이가 나으면 또 어디론가 나를 따돌리고 사라질 것이다. 아이엄마도 아빠도 안 맞는다면 내가 맞을 확률이 가장 높았다. 검사를 하기 전 병실로 가서 아이를 만났다. 머리가 하얗게 빛났다. 아이의 엄마는 얼른 모자를 집어다 아이에게 씌웠다. 아이의 이름은 은별이라 했다. 아이의 이름조차 모르고 10년을 보냈다. 조은별하고 가만 불렀더니 아이는 눈을 크게 뜨고 올려다보았다. 아이의 눈은 별처럼 빛났다. 아이를 보자 절로 눈물이 흘렀다. 아이가 물었던 젖꼭지의 통증이 아련히 느껴졌다. 이 아이가 그 아이란 말인가. 은별아. 조직검사는 실패였다. 아이를 만들었으면 살릴 책임도 내게는 주어야지. 왜 그것도 안 된단 말인가.

*

저녁이 되자 밖에는 함박눈이 내리기 시작했다. 시계를 쳐다보니 저녁 8시를 넘어서고 있었다. 밤길에 눈을 헤치며 가야하나 말아야 하나 잠시 갈등했다. 아이엄마와 그 사람을 만나는 게 두려웠다. 아이를 주려고 짠 모자와 망토를 챙겼다. 눈은 생각보다 일찍 그쳤다. 눈이 그친 하늘엔 별이 유난히 반짝인다. 눈 내린 강가는 가로등 불빛에 반사되어 고즈넉하다. 물위를 달리는 기분으로 어느 순간 강물 아래로 곤두박질 칠 것 같았다. 장례식장은 시내 입구에 있었다. 스님은 나보다 먼저 와서 염불을 외고 계셨다. 문상객도 없이 아이부모만 썰렁하게 따로 떨어져 섬처럼 웅크리고 있었다. 머리가 긴 아이의 사진을 보니 오히려 담담해졌다. 아이는 영원히 내가 자기 엄마인지도 모르고 갔을까?

아이엄마는 나를 보자 울었다. 10년도 못 키울 그 아이 하나 가지려고 그 엄마가 보낸 시간은 얼마나 힘들었을까. 이렇게 보낼 줄 알았다면 내게 얼굴 한 번 안 보여 주려고 애쓴 게 후회된다고 미안하다고. 미운 마음과 안쓰러움이 내안에서 소용돌이쳤다. 이미 충분히 상처 받은 사람에게 나까지 상처 주고 싶지는 않았다. 나를 통해 왔지만 내 아이가 아니었지 않은가?

문상을 마치고 밖으로 나오니 벌써 12시가 넘었다. 다시 돌아갈 일을 생각하니 아득하다. 나를 기다리는 그 누가 있긴 할까. 돌아오는 길은 더 짙은 어둠이다. 강물의 물빛도 더욱 반짝인다. 죽은 이들의 영혼이 밤하늘의 별이 되었다면 저 빛나는 물빛은 누구의 것일까. 내 사십년의 허접한 삶도 별이 될 수 있을까.

도로가 시원하게 열려 있다. 아파트 비밀번호를 누르는데 안에서 아들이 엄마냐며 문을 열어준다.

왜 안자고 있냐.

눈도 오는데 양평까지 차 갖고 갔다고 아빠가 많이 걱정했어요. 엄마가 안 오시는데 어떻게 자요. 죽은 사람이 가까운 사람이에요? 엄마 얼굴이 이상해요.

아들은 진심으로 걱정하는 눈빛이다. 자는 줄 알았던 남편도 안방에서 나온다.

아는 꼬마가 죽었어요. 우리도 아이 가지면 안 될까요?

나는 의아해하는 남편을 침대로 끌었다.

어디쯤 걷고 있을까

이병숙

참으로 귀신이 곡할 노릇이네.

오 여사는 한숨을 쉬며 소파에 털썩 주저앉는다. 화장대 서랍이며 옷장 서랍과 핸드백 모두를 꺼내놓고 샅샅이 뒨장질을 하고는 주저앉고 만 것이다.

아침에 작은딸로부터 무슨 과목을 수강 신청했냐고 전화가 왔다. 무슨 말이냐고 되묻자 지난 설날에 봄학기 때부터 백화점 문화센터에 등록하라고 오십만 원 드렸지 않냐고 했다. 그제야 생각나 깜빡했다고 다음 학기 때 신청하겠다고 약속했다.

돈봉투를 받은 것은 기억이 났는데 도무지 그걸 어디에다 두었는지는 생각이 나질 않는다. 처음에는 뻔하지 싶어 늘상 생활비를 넣어두고 쓰는 옷장 속 서랍을 뒤져보았다. 화장대 서랍이며 핸드백을 열어볼 때까지도 '어이구 이놈의 건망증' 정도로 대수롭지 않게 생각했다. 그러나 어느 곳에서도 나타나지 않자 불안해지기 시작했다.

언젠가부터 점점 총기가 흐려진다 싶더니 자꾸 깜박깜박 잊곤 한다. 치매가 오는 게 아닐까 은근히 겁이 나기도 한다. 또래들 얘기를 들어보면 다들 비슷한 경험들을 겪고 있어 그저 나이 들어가는 일상에 불과하다고 스스로 위로하곤 했다.

그러나 이번에는 뭔가 다르게 느껴진다. 까맣게 잊고 있다가도 누가 귀띔해주면 생각나기 마련이다. 돈 받은 걸 잊고 있었다 해도 딸의 얘기를 듣고 생각이 났으면 그때의 정황이 파노라마처럼 이어져 생각나야 한다. 그런데 받은 것까지만 생각나고 마치 필름이 끊긴 것처럼 그 이후는 통 기억이 없다. 단순히 돈을 잃어버린 게 아니라 길을 잃어버린 것 같다. 돈의 행방이 아니라 기억의 행방을 잃어버린 것이다. 어쩌면 다 담고 있기엔 너무 버거워 몸이 스스로 기억들을 흘려버린 건지도 모른다. 귀찮다는 말이 부쩍 늘은 것만 보아도 그렇다. 감기에 걸려도 예전에는 하루 이틀만 약을 먹으면 나았는데 이제는 일주일은 먹어야 낫는다. 삶의 어디쯤 와 있는 걸까. 모골이 송연해진다.

고희를 바라보는 오 여사는 자신이 어떤 경계에 와 있다는 느낌이 든다. 단순히 건망증과 치매의 경계가 아니라 그 이상의 갈림길에 와 있는 것 같다. 장년에서 노년의 경계를 넘고 희미하게나마 삶과 죽음의 경계로 느껴진다.

다행히 경계는 선이 아니라 뭉근한 언덕 같은 면이다. 이 면의 넓이는 얼마나 되는 걸까. 그리고 이 면의 실존은 어떤 것일까. 아무래도 행동과 활동 범위에 제한이 따르는 것 같다. 뭔가 감내해야 하는 일들이 예전과 다르고 힘들 것만 같다.

어떤 기로에 와 있는 생각에 벌떡 일어나 다시 뒨장질을 시작한다. 이번에는 혹시나 싶어 주머니 달린 모든 옷과 오래된 핸드백이며 등산배낭까지 가방이란 가방은 다 까뒤집고 싱크대 서랍 남편의 책상 서랍까지 뒤져본다. 요즘 들어서는 시각능력도 현저히 떨어져 눈앞에 두고도 한참을 찾을 때가 있다. 혹시 또 그런 게 아닌가 싶어 같은 곳을 몇 번씩 찾아본다. 어디 두었는지 생각이 나서 찾는 게 아니라 무작정 집안을 다 뒤지고 있다는 생각에 점점 더 허둥거려지고 겁이 난다.

혹시 남편이?

남편은 교직에서 정년퇴직한 후 사진찍기에 심취하고 있다. 오랫동안 교직에 매여 있다가 노후를 활기차게 보내는 것 같아 오 여사는 좋게 보아주고 있다, 다만 동호회 활동이 대부분 밖이고 장거리도 많다 보니 건강도 신경 쓰이고 어울리는 사람들의 동향도 찜찜한 구석이 없지 않다.

꽤 비싼 장비들을 구입했는데도 얼마 전부터는 렌즈를 바꿔야 한다고 노래를 했다. 오 여사는 이제 사진작가가 될 것도 아니고 그저 취미로 즐기면 되는데 뭘 그렇게까지 해야 하냐고 시큰둥한 반응을 보였다. 도무지 돈의 행방을 알 수 없어 남편을 떠올려 보긴 했지만 성품상 몰래 돈을 편취할 위인도 아니지만 자신의 용돈을 모으면 얼마든지 할 수 있는 여력도 있어 그럴 일은 없을 것이다.

정말 치매가 아닐까. 짜증 끝에 밀려드는 두려움으로 심기일전 다시 돈봉투 찾기에 나선다. 이번에는 절대 이런 곳에는 두지 않았을 거라고 생각되는 곳을 공략할 참이다. 거실과 부엌과 안방은 더 이상 찾을 곳이 없다.

에멜무지로 작은딸 방으로 건너간다. 딸이 결혼한 지 오 년이 지났지만 화장대도 있고 침대도 그대로 있다. 가까이 살고 있는 작은딸네는 가끔 세 식구가 와서 자고 간다. 화장대 서랍을 열어본다. 안 써서 그런지 조금 뻑뻑해 여는 순간 덜컹하고 빠진다. 화장솜과 명함 몇 장이 있다. 스킨과 로션 샘플 몇 개가 구르다

멈춘다. 서랍을 닫으려고 힘을 주는 순간, 덜컹하면서 도장 한 개가 속에서 앞으로 굴러 나온다.

이게 여기 있었네.

얼마 전 통장을 해지할 일이 있어 찾아보니 없어 그때도 뒨장질을 어지간히 했다. 결국은 분실신고를 하고 다시 만들어 일을 처리했다. 어이가 없다. 딸이 엄마 이름으로 뭔가 해주고 그냥 두었나본데 뭘 해주었는지는 깜깜하다. 이제는 무얼 잊은 걸 걱정하기보다 잊고 있는 게 무엇인지를 걱정해야 하는 처지가 된 것 같다. 한숨을 길게 쉬고 붙박이장을 열어본다. 두어 벌의 옷들이 걸려 있다. 딸 내외가 오면 입는 옷들이다.

칠 년 전에 결혼해 나간 큰딸 방으로 간다. 휑하다. 작년에 아이들 준다며 침대도 가져갔다. 붙박이장을 열어본다. 오래된 옷들이 걸려 있다. 그냥 버리기는 아깝고 재활용 옷 수거함에라도 넣어줄까 하다가 우선 걸어둔 옷들이다. 무스탕코트가 눈에 들어온다. 제법 값이 나가는 옷이라 사 입을 엄두도 못 내고 있을 때 남편이 처음으로 큰 맘 먹고 사준 옷이다. 선생들 부부 모임에 나갔다가 아내만 구닥다리 모직코트를 입고 있던 것이 마음에 걸렸던 모양이었다. 말로는 보너스를 그렇게 쓰면 어쩌냐고 타박을 했지만 마음속으로는 뭉클할 만큼 고마웠다.

그때 생각을 하며 무스탕 코트를 꺼내 걸쳐본다. 지금은 거리에서 자취를 감춘 이 무거운 옷을 그때는 왜 그렇게 너나없이 입었는지 잠깐 상념이 스친다. 주머니에 손을 넣고 거울에 비춰본다. 손에 무언가 잡힌다. 직감적으로 봉투 같다. 반사적으로 꺼내보니 역시 돈봉투다.

아니 이게 왜 여기….

도대체 모를 일이다. 이 옷을 여기다 걸어둔 것은 큰애가 결혼한 직후 옷장이 복잡해 마침 비어 있는 이곳으로 옮겨 걸어두었는데 왜 새삼스럽게 여기다 두었을까. 지난 설날 무슨 일이 있었던가. 아무리 생각해봐도 여기다 둔 정황이 잡히지 않는다.

의아했지만 일단 반가운 마음에 봉투를 열어본다. 그런데 이게 또 뭔 일인가. 분명 오십만 원이어야 하는데 백만 원이다. 돈이 새끼를 친 것도 아니고. 혼란에 빠진 여사는 옷을 벗어 걸어두고 거실로 나와 다시 소파에 털썩 주저앉는다.

오늘 아침 분명 딸도 오십만 원이라 했고, 그때 딸이 무슨 강좌든 이 돈이면 수강 신청할 수 있을 거라며 꼭 재미있는 걸로 찾아서 신청하라고 한 말도 기억난다. 그 오십만 원이 어떻게 백만 원이 된 걸까. 혹시 그때 작은애가 주니까 큰애도 내놓지 않았나 되짚어본다. 하지만 큰애는 종가인 시댁에 대사가 있어 오지 못했다. 돈을 찾기 전보다 더 어안이 벙벙해진다.

그때가 설이니까 혹시 딸이 시댁에 보내는 봉투와 바꿔 준 게 아닐까

아무래도 그 추측이 맞을 것 같다. 확인하기 위해 딸에게 전화를 건다.

"너 지난 설에 시댁에 큰돈 들어갈 일 있었니?"

"아니. 왜?"

"아니 그냥. 설이니까 얼마든 드렸을 거 아냐?"

"뭐 명절 때마다 삼십만 원씩 드리지. 근데 왜?"

"그럼 나한테만 오십만 원씩이나 준 거야?"

일부러 오십만 원을 꼬집어 묻는다.

"엄마한테는 자주 못 드리잖아. 시어머니는 우리 결혼 전부터 밸리댄스 하셔. 얼마나 활동적이라고. 그래서 엄마보다 세 살이나 많은데도 엄마보다 훨씬 손아래로 보이잖아. 그러니까 엄마도 뭐든 배우고 사람들과 어울리기도 하고 해. 집에만 있으면 빨리 늙어"

돈을 줄 때도 아버지만 여행다니는 것을 타박하더니 또 같은 당부다. 활발하게 여가생활을 즐기는 친정아버지나 시어머니에 비해 이렇다 할 바깥출입이 없는 엄마가 안타까운 모양이다. 어쨌든 봉투가 바뀐 건 아니다.

한 푼이 아쉬운 판에 백만 원이 생겼으면 환호라도 해야 하지만 출처를 전혀 감지하지 못하니 영 찜찜하다.

아무래도 자신의 경계면은 형편없이 좁을 것만 같다. 좁을 뿐만 아니라, 질도 불안하다. 검사라도 받아보아야 하는 것 아닌가. 우울해진 마음으로 일단 다시 잊지 않기 위해 늘상 생활비를 넣어두는 서랍에 봉투를 갈무리한다.

저녁 때 들어온 남편이 서랍마다 열어보며 무얼 찾는다. 오 여사는 심상찮은 자신의 감정에 젖어 처음에는 무심히 넘겼다. 밥상을 차려놓고 부를 때까지도 고개를 갸웃거리며 문갑 서랍을 몇 번씩 뒤지고 책상 서랍은 아예 빼놓고 살피는 모습이 심각해 보인다.

"당신 뭐 찾아요?"

"아니"

말은 아니라면서도 여전히 아리송하다는 표정으로 식탁에 앉아 밥을 먹는다. 식후에도 여전히 안방 옷장 속 서랍을 뒤지고 화장대 서랍까지 열어본다. 화장대 서랍을 열어보는 것으로 보아 큰 물건은 아닌 것 같다.

"도대체 아까부터 뭘 찾는 건데요?"

"아냐. 아무 것도"

그래놓고도 여전히 찾은 곳을 또 찾아보길 반복한다. 그 모습은 오늘 꼭 찾아야 할 물건이라서 그런다기보다 찾을 수 없는 것에 대한 의구심으로 찾고 있는 것 같다. 같이 찾아보면 빨리 찾을 수도 있으련만 한사코 아무 것도 아니라니 뭘 찾는지 더 궁금해진다. 하지만 워낙 고집이 세고 관심도 간섭이라 생각하는 성격이라 더 물으면 짜증을 낼 것이다.

평소 노화현상이란 말을 민감하다 싶을 만큼 싫어하는 남편이다. 실내 자전거며 꺼꾸리 운동기구를 들여놓고 열심히 운동한다. 식단도 소식에 야채 위주로 하라고 잔소리를 해대고 비타민 스쿠왈렌 오메가쓰리 등 건강기능식품도 끊이지 않고 챙겨 먹는다. 반찬이 쓰니 짜니 깔끄러우니 질기니 타박도 늘었다. 오 여사 보기에는 입맛도 늙는구나 싶었지만 본인은 한사코 건강식이라 주장한다. 깜박깜박하는 오 여사를 향해 '도대체 정신머리를 어디에다 두고 사냐며' 핀잔을 주기도 한다. 나이 들수록 깔끔해야한다며 몸도 청결하게 신경 쓰고 옷매무새도 아내 손 갈 새 없이 다듬는다. 나이 드는 것과 늙는 것을 철저히 별개의 것으로 생각하고 있는 것이다. 동생이 형부 바람 난 거 아니냐고 한 말에 의심을 해 본 적도 있다. 그런 남편이 쩔쩔매며 무얼 찾는 모습이 당신이라고 별수 있냐 싶은 게 측은해 보인다..

남편은 거실과 안방을 드나들며 샅샅이 뒤짐을 하더니 애들 방으로 들어간다. 찾는 물건이 꼭 거기 있다고 생각해서 찾으러 가는 게 아닐 것이다. 아무리 찾아도 없으니 절대 그럴 리 없다고 생각하면서도 혹시라도 싶어 가보는 것이다. 가긴 가지만 역시 없을 거라는 자신의 생각이 맞았다는 확신을 얻고 싶을 것이다. 자신이 그랬듯 꼼짝없이 따를 수밖에 없는 수순을 밟고 있는 것이다.

들어간 지 얼마 안 되어 남편이 개선장군처럼 애들 방을 나온다. 손에 봉투가 들려 있다.

"아니 당신 노망났어. 생전 안 하던 짓을 다 하고 그래. 어서 나머지 오십만 원 내놔"

남편은 의기양양해서 다그친다.

"당신 그거 어디서 찾았어요?"

돈은 찾았지만 남편과 달리 반갑지만은 않다. 남편과 말을 맞춰보면 서로 옷을 바꿔 넣었다는 것을 알 게 될 테지만 여전히 그 방에서 돈봉투가 나오는 경위는 알 수 없을 것 같다. 외출할 때 소지품 잘 간수하라고 하면 내가 당신 같은 줄 아냐고 호통을 치던 남편은 왜 거기다 돈을 두었을까. 그 경위를 알까. 엉뚱한 소리를 하고 나오는 것으로 보아 그도 거기까지는 인지하지 못하고 있는 것 같다.

도대체 칠 년 전에 정리한 딸 방 옷장 속 코트에 돈을 둔 경위가 무엇이었을까. 불과 서너 달 전에 둔 일을 이렇게 까맣게 모를 수가 있을까. 경계면의 속성일까. 어떤 전조일까.

그나마 남편은 더 최근의 일일 게다. 어쩌면 남편은 자신보다 더 깊숙이 경계면에 들어와 있는지도 모른다. 지나치게 강한 부정은 긍정을 의미한다. 평소 유난히 자기관리를 해오는 남편은 부지불식간에 자신이 그 영역을 넘어섰다는 걸 느끼고 그랬던 게 아닐까. 올해로 고희를 맞는 남편이다. 나이 드는 것과 늙는 것을 그토록 별개의 것으로 치부하려는 것도 경계면에 대한 두려움 때문 아닐까. 나이 들어서 느끼는 소외감은 그곳에 대한 낯가림이다. 남편은 그 낯가림이 더 심한 것인지도 모른다. 이 뭉근한 경계 언덕 너머는 보이지 않지만 언덕을 넘으면 이제까지의 살아온 모든 흔적과 단절되는 것만은 확실하다.

우리는 어디쯤 걷고 있는 것일까.

왜 남의 코트를 뒤졌냐고 다그치는 남편을 오 여사는 물끄러미 바라본다. 언제 왜 거기다 두었냐고 물어보기가 두렵다. 걸핏하면 휴대전화를 두고 나갔다가 찾으러 들어와서는 누구나 하는 실수라고 하고, 쓰고 나갔던 모자를 두 번씩이나 잃어버리고 와서는 모자 쓰는 것이 습관이 안 돼서 그런 거라고 했다. 이번에는 또 무슨 핑계를 댈까. 꼿꼿한 가지가 휘어지는 가지보다 더 잘 부러진다. 남편의 의지대로 젊은 채 나이 들어 죽을 수 있을까.

콜레우스*

오승경

"웬만하면 신부님이 원하는 대로 해줘요. 여자 말 잘 들어야 사는 게 편해. 요즘은 그런 세상이라구."

부동산 중개인이 성규에게 속삭이듯 말한다. 성규가 머리를 긁적인다.

"네, 저도 그러고 싶긴 한데 금액이 좀…."

"아니, 그럼 혼수를 줄이든가. 다른데서 좀 아껴 봐요. 요즘 전세, 전쟁이야. 나오는 즉시 빠져. 내일이면 이 물건 없어요."

"네, 좀 생각해 볼게요."

성규는 그저 멋쩍게 웃기만 한다. 혼수를 줄이라니. 우리에게 줄일 혼수나 있나. 영미는 아마 혼수를 거의 해오지 않을 것이다. 옷장도, 침대도, 냉장고도, 텔레비전도 모두 성규가 준비해야 할 것이다. 혹시 모르겠다. 그릇 정도는 해오지 않을지. 성규는 곁눈질로 영미를 본다. 아까 부동산 중개인이 보여 준 래미안 3차 아파트를 성규가 거절했을 때부터 영미는 말이 없다. 주위의 모든 공기를 얼려버릴 기세다. 얼음공주 나셨네. 성규의 입가에 웃음기가 어린다. 새쭉하게 튀어나온 영미의 입술에 키스를 퍼붓고 싶다.

부동산을 나선 후에도 영미는 여전히 말이 없다. 성큼성큼 걸던 성규에게 평소 힐을 신은 여성은 걸음이 느린 법이라며 짜증을 내던 그녀다. 그런 영미가 지금은 성규보다 서너 걸음 앞서 혼자 걸어가고 있다. 길게 뻗은 다리 위에 달라붙은 애플 힙 엉덩이가 춤을 춘다. 오늘도 영미는 힙에 바짝 밀착된 타이트스커트를 입고 있다. 성규는 굴곡진 애플라인을 손바닥으로 쓸어 보고 싶은 충동을 애써 누른다. 아직 대낮이고 큰길가라 지나가는 사람이 많다.

"영미야, 우리 '베르사이유' 가서 브런치 먹을까?"

영미의 걸음이 잠시 느려지는가 싶더니 다시 빨라진다. 흥, 내가 그깟 베르사이유 브런치에 넘어갈 것 같아? 영미의 뒷모습이 온 몸으로 외치는 것 같다.

"니가 좋아하는 A코스 먹으면서 얘기 좀 해 보자. 먹고 나서 래미안 그거 전세자금 얼마나 대출 가능할지도 은행가서 알아보고. 모자라면 월세 끼고 할까? 요즘 은행이자 얼마 안 돼서 집주인들이 월세 받고 싶어 환장한대. 얘기만 잘하면 괜찮을 것 같은데."

"그럼, 자기, 래미안 거기 해줄 거야?"

영미가 발걸음을 멈추고 뒤돌아서다 환한 미소를 흩뿌린다. 눈이 부시다.

"우리 베르사이유 가기 전에 은행부터 들리면 안 돼? 브런치는 그다음에 먹고. 자기야! 아까 들었잖아. 요즘 전세 물건 확확 빠진대. 느긋하게 브런치 즐기다 거기 딴 사람이 채가면 어떡해."

어느새 영미가 성규 옆에 찰싹 달라붙어 팔짱을 끼고 있다.

살짝 들어간 콧소리. 평상시 영미로 돌아왔나 보다. 곁에 가기만 해도 베일 것 같던 얼음조각들은 어느새 사라지고 따스한 봄바람이 온 몸을 감싸 안는다.

"그 집이 그렇게 맘에 들어?"

성규의 물음에 영미는 커다랗게 고개를 끄덕인다. 양 볼에 공기를 불어 넣으며 두 눈을 크게 뜨고 입술을 조금 내민 채로. 영미의 애교어린 표정에 성규는 웃음을 터뜨린다.

"그래, 니가 그렇게 좋다는데. 내가 뭔들 못하겠냐. 가자."

*

스테이크는 연하고 부드러웠다. 성규는 미디엄 웰던을, 영미는 미디엄 레어를 좋아한다. 영미의 가늘고 긴 손가락 아래 은빛 나이프가 조명을 받아 반짝인다. 적당한 크기로 썰린 스테이크는 흐르는 육즙과 함께 영미의 도톰한 입술 안으로 들어간다. 성규는 그 스테이크가 되고 싶다. 스테이크와 함께 더해지는 와인 한 모금도 상관없다. 영미의 오물거리는 입술 속으로 들어가 혈관을 타고 온 몸 구석구석을 탐험해 보고 싶다. 영미는 몸속도 겉처럼 예쁠까? 성규는 미소 짓는다. 자신이 무얼 상상하고 있을지 영미는 알까? 아마 알아챘다면 그녀는 자신을 나무라겠지. 변태라고. 아니면 눈을 흘기며 샐쭉하게 입술을 내밀까? 어느 쪽이든 상관없다. 밖으로 나간다면 쫓아가서 다시 안아주면 되고 앙탈을 부린다면 흐뭇하게 감상하면 그만이니까.

"어머니한테 전화 왔었어."

"응? 우리 엄마?"

"어, 좀 보자고. 옷 한 벌 사 주시겠다고."

"잘됐네. 가서 옷 한 벌 이쁜 거로 얻어 입고 와."

영미의 미간을 찌푸린다. 예쁜 얼굴에 주름이 지다니. 성규는 손을 뻗어 그 주름을 펴주고 싶다.

"혼수 안 하기로 한 거 아니었어? 부담스럽게."

영미는 매번 백화점에서 신상 옷을 골라 입었다. 전에 아우디랑 사귈 때는 청담동 편집샵만 수도 없이 들락거린 것으로 안다. 성규는 갑자기 소주가 당긴다.

"영미야, 내가 엄마한테 말 할게. 분명 혼수는 안 한다고 말씀 드렸는데 그래도 옷 한 벌 사주시고 싶었나 봐."

성규는 집에 가는 대로 엄마를 말려야겠다고 생각한다. 엄마가 영미에게 어떤 옷을 사 주시려는지 모르지만 아마 백화점에서 영미가 고른 옷의 가격표를 보시면 결혼 자체를 말리실 지도 모른다. 두 사람의 결혼문제만큼은 누구에게도 간섭받고 싶지 않다. 영미는 어떤 일이 있어도 내 여자가 될 것이다.

"하나 더 있어."

성규는 가슴이 철렁 내려앉는다. 영미를 얻기 위해 성규가 들인 공을 엄마는 모른다. 영미가 자칫 잘못 다루면 깨어지기 쉬운 크리스탈이라는 것을 엄마가 알아야 할 텐데.

"산부인과 검사도 미리 받으라구. 요즘 예비부부들 그거 다 받는다고. 자기랑 같이 받으라고."

"그게 왜? 엄마랑 같이 있음 부담스러워서? 내가 엄마 오지 말라 그럴까? 우리끼리 받겠다고?"

"그게 아니라… 어머니가 같이 가신다고는 안 했어. 자기 누나 종합병원 간호사라며? 거기 가서 받으라고. 예약해 두시겠다고. 알잖아. 혹시라도…."

영미가 말끝을 흐린다. 커다란 눈동자가 흔들린다. 금세라도 굵은 물방울이 툭 쏟아질 것 같다. 성규가 테이블 위에 놓여 있던 영미의 오른손 위에 자신의 손을 올려 감싸 잡는다.

"수술한 거 때문에? 걱정 마. 혹시라도 병원에서 뭐라 그러면 다 내 탓이라 할 테니까. 너 수술 받을 때도 나랑 같이 갔잖아. 엄마랑 누나가 뭐 어쩌겠어. 자기 아들이 실수한 거라는데. 누나 병원이 부담스러우면 우리 다른 데로 가자. 내가 엄마랑 누나한테 잘 말할게."

영미의 작은 어깨가 들썩인다. 성규는 영미의 옆으로 자리를 옮겨 가냘픈 어깨를 감싸 안는다. 흐트러진 머리카락 사이로 보이는 고운 피부 결이 성규의 마음을 다시 한 번 달뜨게 한다. 뽀얀 얼굴의 날렵한 턱선을 타고 흘러내리는 눈물이 아찔하다. 성규는 조심조심 오른손을 뻗어 영미의 흐트러진 머리카락을 정돈하고 눈가를 닦아준다.

*

"김 선생 동생이라구요, 여자친구?"

의사가 영미를 한 번 쳐다보고 성규에게 고개를 돌리며 묻는다.

"네, 이 친구 예비신랑입니다. 다음 달에 결혼할."

성규는 '신랑'이라는 두 글자에 유달리 힘을 주어 발음했다. '신랑', 맞다. 영미의 신랑이다. 이제 다음 달이면 영미는 내 여자다. 그렇게 수많은 남자들이 영미를 거쳐 갔지만 결국 마지막에 영미를 소유하는 남자는 바로 나. 김성규다. 성규의 어깨에 힘이 들어간다.

"다음 달에 결혼하신다구요, 축하드려요. 아, 근데 우리 신랑분. 좀 급하셨나 보네."

의사가 책상 위에 놓인 환자 파일을 뒤적거리며 말한다. 급하다고? 뭐가? 전에 수술 받았던 얘기를 하는 건가. 무슨 문제라도? 성규는 왠지 등골이 서늘했다.

"결혼 말고 축하할 일이 하나 더 생겼어요. 임신 5주예요. 이제 곧 입덧 시작하겠네요. 예비신부님 몸은 좀 괜찮아요?"

"아, 네…."

영미의 얼굴이 하얗게 질려 있다. 성규는 자기 모습이 궁금했다. 자신의 얼굴도 영미처럼 새하얗게 질려 있을까? 아니면 새파랗게? 진료실 안에 거울은 보이지 않았다. 침착하자. 하나, 둘, 셋. 성규는 호흡을 가다듬고 가까스로 입을 열었다.

"선생님, 저희는 아직 준비가… 아이는 천천히 가질 생각입니다."

의사의 얼굴이 일그러진다.

"아니, 준비는 무슨, 요즘 불임으로 고민하는 부부들이 얼마나 많은데…. 아기가 생기면 감사하게 받아들여야지. 요즘 사람들 참."

"그게 아니구요. 선생님. 어떻게 좀 안 될까요?"

"이봐요, 지금 신부 자궁 상태가 그리 좋지 않아요. 신랑이면 신부 몸 아낄 줄도 알아야지. 이거 수술 한 번 하면 여자 몸에 얼마나 무리가 가는지 알아요? 그리고 낙태는 불법이라구요, 불법."

진료실 밖으로 나온다. 둘 다 말이 없다. 얼마나 시간이 지났을까. 성규가 먼저 낮은 목소리로 말문을 연다.

"지난 번 수술했던 그 병원으로 갈까? 여긴 아무래도 누나 병원이니까."

영미는 여전히 말이 없다. 영미가 침묵으로 일관해도 짜증을 내도 생떼를 써도 다 절세미인을 차지한 대가로 알고 기꺼이 받아들였는데…. 성규가 허탈한 목소리로 내뱉듯이 말한다.

"5주래. 5주. 3개월도 아니고. 너 준석이랑 석 달 전에 헤어진 거 아니었어?"

"준석오빠 아니야."

영미가 한참 만에 고개를 들어 성규를 마주 본다. 도톰한 아랫입술이 가늘게 떨리고 있다. 준석이가 아니라고? 그럼? 성규가 눈을 치켜뜬다.

"민혁오빠일 거야. 5주면. 나 가봐야겠어."

영미가 주섬주섬 핸드백을 챙겨 자리에서 일어난다. 성규는 일어서려는 영미의 한쪽 팔을 거칠게 붙잡아 다시 자리에 앉힌다. 영미의 애플 힙이 로비 의자 손잡이에 강하게 부딪친 후 의자 바닥으로 떨어진다. 아야! 영미의 비명이 성난 성규의 목소리에 묻혀버린다.

"미쳤구나. 5주면 너 나랑 한창 사귈 때야. 내가 너한테 어떻게 했는데. 근데 넌 뭐, 민혁이? 그 바람둥이 새끼 여자가 한둘인 줄 아냐? 그리고 너 석 달 전에 준석이 애 뗀 거 그거 민혁이가 모를 것 같아?"

영미가 홱 소리가 나도록 성규의 팔을 뿌리친다. 새하얗던 얼굴이 어느새 새빨갛게 달아올라 있다.

"성규 오빠! 아니, 성규 선배, 왜 이래요? 우리가 뭐 혼인신고라도 했나요? 선배랑 저는 아직 아무 사이도 아니라구요. 솔직히 선배랑 저랑 키스밖에 더했어요?"

성규는 아랫입술을 질끈 깨물었다. '너 걸레인 거, 우리 과 남학생들이 다 알아' 라는 말이 목구멍까지 차올라왔지만 차마 입밖에 내뱉을 수 없었다. 남학생들은 영미의 허영심을 조금만 채워주면 그녀를 안을 수 있다는 사실을 알았다. 그들은 술자리에서 그녀의 몸매와 테크닉에 대해 이야기하며 시시덕댔다.

"민혁 오빠는 어떨지 모르겠지만 오빠 엄마가 독실한 가톨릭 신자니까. 아마 낙태하란 말은 못할 거야."

"너 지금 그게 말이라고…."

"미안. 하지만 이거 하늘이 주신 마지막 기회야. 나, 오빠처럼 돈 한 푼에 절절매는 남자랑 한평생 살고 싶지 않아. 오빠도 나 같은 여자랑 어울리지 않는다는 거 이미 알고 있잖아. 우리 이제 그만 서로에게 솔직했으면 해."

유리문 너머로 영미가 사라진다. 성규는 영미를 쫓아 나가려다 의자에 다시 털썩 주저앉는다. 다리에 힘이 풀린다. 성규는 고개를 숙이고 두 손으로 머리를 감싸 안는다. 지난 일들이 파노라마처럼 스쳐 지나간다. 영미를 처음 만나고 세상이 갑자기 환해 보이던 순간. 영미에게 남자가 있다는 사실을 알고 좌절했던 나날. 그 남자가 한두 명이 아님을 알고 영미를 다그치던 일. 나비처럼 이 남자 저 남자에게 옮겨 다니는, 하지만 자신에게는 오지 않는 그녀를 보며 아파했던 나날. 그리고 마침내 여자의 아픔을 보듬어주며 청혼했던 그 가슴 시리던 시간. 그토록 무언가를 간절하게 손에 넣기를 바랐던 적도 없다. 무언가를 위해 그토록 오랜 시간과 노력과 돈을 들였던 적도 없다. 성규는 유리문을 열고 밖으로 나간다. 쏟아지는 햇빛에 눈이 부시다.

*여러해살이 풀, 꽃말은 절망적인 사랑

그녀의 친한 친구

김선영

수경은 몇십 분 째 침을 튀기며 수다를 떠는 화정이 못마땅했다. 자리에 앉자마자 시작된 그녀의 아들자랑은 끝도 없이 이어졌다. 수경과 화정은 대형마트 문화센터에서 만나 함께 요가를 배운지 8년 넘은 친한 친구 사이다. 그녀들이 처음부터 죽이 맞았던 것은 아니었다. 소심하고 낯가림이 심한 수경은 쉽게 다가가기 힘든 스타일이었다. 그래서 그녀의 첫인상만을 평가한다면 깍쟁이에 인사성 없다는 말들을 한다. 그러나 신중하고 말을 아끼는 편이라 친구를 사귈 때도 서두름이 없었다. 반면에 화정은 약방의 감초 같은 친화력으로 넓은 인간관계를 형성하고 있었지만, 맘에 드는 사람과 아닌 사람을 확실히 구분했다.

물과 기름처럼 달라도 둘은 친구다. 남의 이야기를 좋아해서 쉴 새 없이 뒷담화를 쏟아내는 화정과 한 귀로 듣고 흘려버릴 만큼 남의 일에 관심이 없고 입이 무거운 수경의 조합은 요철같이 딱 들어맞는 관계처럼 보였다. 그렇다 보니 모임이나 회식을 빙자한 설전에서 온갖 소문과 험담을 오롯이 들어주는 게 수경의 일상다반사가 되었다. 오늘은 그녀들과 함께 친목계를 꾸려가는 후배 혜영과 설란 등이 모여서 밥을 먹는 날이다. 모임의 장소는 늘 삼겹살집이다. 친정어머니가 운영하는 삼겹살집의 일을 돕는 혜영을 위한 배려였다. 초저녁부터 식당에 모여들어 판을 벌린 그녀들의 시끌벅적한 웃음소리에 접시가 몇 개 깨져나갔다.

"언닌 좋겠다. 작은아들 때문에 애를 끓더니. 이제 아무 걱정 없겠어."

삼겹살을 굽던 혜영이 노릇하게 익은 고기를 자르며 말했다. 그녀는 수경이나 화정보다 두 살 어린 후배로 화정과 동향이지만 대도시에 나가본 적 없이 한곳에서 40년 이상 살아온 토박이였다. 손맛 좋은 친정어머니의 식당에서 일을 도와주며 용돈을 받지만 살림이 궁핍한 것은 아니었다.

"아이고 진짜 요즘 같으면 두 다리 쭉 뻗고 살겠다. 조카가 사업 시작하자마자 스폰서가 생겨서 중국에 진출할 계획까지 있다고 하니 우리 아들도 눈코 뜰 새 없이 바쁘다더라."

수경은 화정이 둘째아들 칭찬을 늘어놓자 속으로 혀를 차며 맥주잔을 비웠다. 공익근무요원으로 노인복지센터에서 일하던 그는 불성실한 태도로 근무 일수가 늘어난 데다 근무지가 어린이집으로 옮겨졌다. 또 화정의 경차를 몰고 다니다가 차를 들이받아 폐차를 시키더니 새로 산 차를 끌고 고속도로로 나갔다가 노루를 치어 죽이고 고액의 수리비를 떠넘기지 않았던가. 남편 몰래 일을 해결하러 다니느라 발을 동동 구르며 입만 열면 둘째아들 흉을 보면서 울화통을 터트리던 게 엊그제 같은데.

"어머! 울 수경언니 맥주 좀 마시네. 오늘은 술이 달달한 가봐."

"언니는 맥주 한 병이 주량이라면서 천천히 마셔."

"에궁! 아직 이른 시간인데 뭐 어때? 마시고 깨면 되지."

남성스러운 혜영과는 달리 애교 많은 설란이 너스레를 떨며 수경의 빈 잔에 맥주를 따라주었다. 설란은 고등학교를 졸업하고 신부수업을 하다가 부모가 소개해준 공무원을 만나 결혼했고 평생 남편 하나만 사랑한다고 노래를 부르는 후배였다. 네 명 중에 가장 젊은 설란은 고등학교에 다니는 아들과 중학생 딸을 두었는데 수경이도 그녀와 똑같은 학년의 아들과 딸이 있었다. 하지만 설란은 수경보다 일곱 살이 어렸다. 그런 이유로 수경은 설란도 부러웠다. 아직 한창때라서 애들 교육이나 노후 준비에 있어서 수경보다 훨씬 유리해 보였다. 그런 것마저 부럽다니…. 수경이 맥주를 홀짝일 수밖에 없는 이유가 하나 더 늘어난 셈이다.

하지만 설란에게 부러움은 있을망정 질투나 패배감 같은 것을 느끼진 않았다. 배알이 꼴리고 명치가 턱 막히는 것은 물론이거니와 가슴에 뜨거운 불덩이가 들어앉은 기분은 줄곧 화정의 목소리가 주는 불편함이었다. 그 껄끄럽고 아니꼬움은 눈덩이처럼 커지더니 마치 뱀 한 마리가 뱃속에 똬리를 틀고 앉은 것만 같았다. 동갑내기 화정은 결혼을 일찍 해 두 아들이 다 장성했다. 큰아들은 평발이라서 군대도 면제받고 지금은 베트남 하노이 대학원에 다닌다. 동남아 어학을 전공한 그녀의 큰아들은 교수님 눈에 띌 정도로 성실하고 성적도 좋아서 대학원에서도 평판이 자자했다. 졸업 후엔 베트남에 남아서 외교통상부 일을 하고 싶다는데 이미 탄탄대로의 청신호가 켜진 셈이지 않는가.

"거봐, 언니 내가 뭐랬어? 둘째가 효자노릇 톡톡히 한다고 했지? 호호호호."

수경은 설란의 웃음소리가 거슬렸다. 그녀들의 모임에는 수경과 화정 말고도 맏언니가 한사람 더 있지만 설란은 늘 화정에게 아부를 떨고 그녀를 추켜세우는데 정신없었다. 매번 그랬다. 수경이 느끼는 짜증은 그런데서 오는 것일지도 모른다.

"그래서 하는 말인데 너희들도 스마트폰에 어플 하나씩 깔아줘."

"응? 어떻게 하는 거야?"

조카가 시작한 IT사업이 새롭게 떠오르는 스마트폰 쇼핑 광고사업이라고 화정이 말을 꺼냈지만 어플이나 SNS하고 거리가 먼 그녀들에겐 생소하기만 했다. 텔레비전에서 하루 종일 방송하는 홈쇼핑만으로 충분한데.

"어플만 깔아도 우리 조카랑 아들이 돈을 번다지 않아. 얼마나 좋은 세상인지."

"깔기만 해도 돼?"

"응 가끔 들어가서 광고를 봐주라던데."

고기를 먹다가 갑자기 휴대전화기를 꺼내 들고 화정이 시키는 대로 어플을 깔고 있는 혜영과 설란을 보면서 수경도 휴대전화기를 집어 들었다. 한숨이 절로 나온다. 일단 다운로드 받았다가 집에 가서 지워버리면 그만이라고 생각했지만 화정이 시키는 대로 어플을 찾아 설치하고 있는 게 마치 꼭두각시 같아 화가 치밀었다. 화정의 조카는 하버드대를 졸업한 재원이다. 집안 내력인지 그도 발이 넓고 대인관계가 좋아 국내에서 내로라하는 두뇌집단을 모아 쇼셜커머스 사업을 시작했다. 현재 가장 각광받는 사업 분야인 쇼셜커머스는 IT기술과 미디어 상거래가 복합된 획

기적인 프로그램이라고 알고 있지만 수경과 같은 주부들에겐 그저 쇼핑 웹사이트에 광고와 배너를 올리는 회사라는 인식이 고작이다.

대단한 스펙을 쌓아 놓은 사촌형의 도움으로 할 줄 아는 것은 컴퓨터 게임뿐이고 성적도 좋지 않아 듣도 보도 못한 지방대학에 간신히 입학했다는 화정의 둘째 아들이 취직을 했다니 그것도 잘나가는 IT 사업에, 놀랄 일이다. 속을 하도 썩여서 이름 대신 개똥이라고 불렀던 화정은 이제 우리 아들, 우리 아들 하면서 입에 단내가 나도록 칭찬을 했다. 듣고 있는 수경의 손발이 다 오글거리는 것을 보면 오늘이 최악의 날임에 틀림없었다. 사촌형의 스펙이나 인맥에 슬쩍 얹어가는 행운이라니. 수경은 아직도 어린 자식들 뒷바라지로 휘고 있는 허리가 펴지려면 까마득한데 화정은 무슨 복을 타고 난 것인지. 입안은 쓰고 고기를 씹는 건지 술을 마시는지 모를 지경이다.

수경은 들이마시는 맥주 컵의 투명한 바닥으로 투과하는 화정을 보았다. 일분일초라도 입을 다물면 가시가 돋는다는 그녀는 냉장고 두 개에 대형 김치냉장고도 부족해서 식품 보관용 저장고가 딸린 빌트인까지 설치할 정도로 살림꾼이었다. 없는 식재료가 없었고 계절마다 다양한 장아찌를 비롯해 과일청까지 담갔다. 그 모든 음식이 가족용이 아니라 지인과 주변 사람을 위한 것이었다. 맛이 있든 없든 김치와 밑반찬을 아낌없이 퍼주는 스타일로 좋게 말하면 대인배였고 다른 말로 하면 오지랖이 넓다고나 할까. 하지만 지인이라고 해서 누구나 다 주는 것은 아니었다. 일단은 화정의 맘에 드는 사람 우선 순으로 반찬을 나누어 준다는 것이 수경이 생각해도 지랄 맞다. 반찬을 얻어먹으려면 설란처럼 그녀를 떠받들어야 했다. 새로 사귄 친구나 잘 보여야 하는 사람 순서로 반찬을 나누어주었다. 아낌없이 퍼준다지만 살림 솜씨와 음식은 그녀를 포장해주는 권력을 의미했다.

음식 솜씨도 그녀 매력을 어필하기 충분했지만 한 가지 더 수경의 열등감을 자극하는 것은 검고 긴 생머리를 유지하는 화정의 미모였다. 나이보다 고운 피부, 유명한 중견 탤런트를 닮은 얼굴은 노력하고 투자하는 만큼의 결과를 선물해준다. IPL 레이져 토닝, 리프팅 시술이니 하는 생소한 피부미용에 관한 용어도 그녀를 통해서 이것저것 알게 되었던 수경이었다. 타고난 미모는 그렇다 쳐도 피부미용에까지 신경을 쓰는 화정은 수경이 도저히 넘을 수 없는 장벽 같은 존재였고 그것이 수경의 불만을 키웠다고 해도 과언이 아닐 것이다.

질투의 불씨는 눈덩이처럼 불어났다. 언제 터질지 모르는 시한폭탄 같았지만 수경은 눈치채지 못했다. 가뜩이나 지난겨울부터 늘어난 주름은 스트레스를 더욱 가중시켰다. 오늘저녁 모임을 위해 화장을 하던 수경은 파운데이션을 덕지덕지 발라도 커버가 되지 않는 얼굴 때문에 짜증 폭발 직전 남편에게 직격탄을 맞아버렸다. 모임을 핑계 대며 저녁식사는 대충 차려 먹으라는 수경의 말에 소파에 널브러져 있던 남편이 입을 삐죽였다. 호박에 줄 긋는다고 수박 되는 거 아니라는 빈정거림은 썰렁한 농담으로 치부할 수 있는 수경이었다.

“화정씨 같으면 모임 나가기 전에 진수성찬 차려놓고 남편 손에 숟가락 쥐어주고 나갈 거야. 당신은 너무 게을러.”

"내가 게으르다고? 애들 키우느라 겨우 한 달에 한두 번 나가는 모임인데 꼭 그렇게 말해야 해?"

"누가 뭐래? 화정 씨가 현모양처라는 것이지. 누군 전생에 나라를 구했는지 장가 하나 잘 갔지. 살림 잘해 남편 잘 보살펴 자식이면 죽는시늉까지 해 누구랑 참 비교된다, 비교돼."

남편의 빈정거림에 수경의 이성은 싸늘하게 식어버렸다.

"흥! 그래, 살림 잘하고 바지런하고 남편한테 잘하지. 그런데 어쩌냐? 걔는 남의 남편한테도 잘해."

"뭐?"

남편이 불에 덴 듯 벌떡 일어나자 수경은 웃음이 나는 것을 간신히 참으며 외출준비를 끝냈다. 아차 싶었지만 답답한 속이 조금은 시원해지고 어깨까지 으쓱해졌다.

"무슨 말이야. 남의 남편한테도 잘한다니. 화정씨 바람피워?"

"현모양처? 흥 좋아하시네. 걔는 오지랖 넓어서 사랑도 잘 나눠줘. 왜? 부러워? 나도 애인하나 만들까? 아니면 당신도 화정이 애인 뒤로 줄 설래?"

입을 떡 벌리는 남편의 얼굴에 형용하기 힘든 표정이 떠오르자 수경은 아무 일도 없다는 듯 뒤도 돌아보지 않고 집을 나섰다. 몸은 후끈 달아오르고 뛰는 건지 걷는 건지 모를 정도로 정신없었다. 수경은 세차게 뛰는 심장의 움직임이 고통스럽지 않았다.

화정은 인기가 많았다. 문화센터에서도 알아주는 마당발로 인사성 밝고 누구와도 쉽게 친해지는 성격이다 보니 자연스럽게 남자들도 그녀를 좋아했다. 8년 동안 친구 사이로 지내면서 알게 된 사실은 화정이 상당한 속물이라는 것과 다가오는 남자들의 호의를 거절하지 않는다는 것이었다. 그녀의 애인은 수시로 바뀌었지만 그런 비밀을 알고 있는 사람은 극소수였다. 남의 말은 잘해도 자신은 입방아에 오르기 싫어하는 편이라 애인과 데이트가 있는 날이면 화정은 수경과 동석했다. 두 남녀의 수작이 오가는 밥상에서 밥을 먹는 수경의 기분은 최악이었다. 그것은 굴욕에 가까웠다. 두 사람의 사적인 대화에 끼지도 못한 채 병풍처럼 둘러앉은 날이면 소화불량에 걸리기 십상이었다. 친한 친구에게 어쩜 그리 가혹할 수가 있어? 입이 무겁다는 이유로 자기가 하고 싶은 말 모두 다 털어내고 말할 수 없는 비밀까지 떠안기다니.

"나쁜 년!"

"어머! 수경언니? 취했어?"

"좋겠다. 나쁜 년아. 세상 참 불공평하다 불공평해. 어떤 년은 뒤로 넘어져도 코가 깨지고. 아. 그래 좋겠다. 좋겠어. 친정식구 잘살아서 좋겠어. 그게 어디 네 아들이 잘나서 그런 거냐? 조카가 잘났구먼. 하노이 대학원? 말이 좋아 대학원이지. 큰아들 똑똑하면 뭐해, 베트남서 여행가이드 한다며? 그래, 관광객들 주머니 쥐어짜서 돈 열심히 모우라 해. 취직이 쉽냐? 치킨집이나 하나 차리라지. 순 성형발인 주제에 뭐가 잘났다고. 흥! 네 남편한테 다 말해줄 거야. 부도덕한 년! 다시는 네 애인이랑 밥 먹는 자리에 부르지 마. 그리고 네가 만든 반찬 맛없어. 설탕덩어리 적선하듯 주지 말라고. 음식물 쓰레기 버리는 게 얼마나 힘든데 나쁜 년! 나쁜 년아."

수경이 고래고래 소리를 질러댔다. 식당 안은 한겨울 한파가 들이닥친 것처럼 삽시간에 냉랭하게 얼어붙었다. 취기가 오른 수경은 빙빙 도는 몸을 주체하기 힘들어 그만 식탁에 머리를 처박았다. 눈이 왕방울 만해졌다. 화정은 가슴에 두 손을 올리고 놀란 가슴을 진정시키느라 애를 썼고 혜영과 설란은 입을 떡 벌리고 서로 마주보았다. 불판 위에 삼겹살이 지글지글 소리를 내며 타고 있었다.

오늘은 외출

현정원

닷새 동안 꼼짝도 안하고 집에만 있었다. 슈퍼도 가지 않고 쓰레기도 버리지 않고 세탁물도 맡기지 않았다. 아픈 것은 아니었다. 한파주의보가 내려져있었고 굳이 나갈 일이 없었다. 하루가 눈 깜짝할 새 지나갔다. 아침에 일어나 차를 한 잔 마시고 청소하고 세탁하고 밥 먹고 그러다보면 어느새 저녁이었다. 중간 중간 실내자전거를 돌리기도 하고 간식을 먹기도 하고 책을 읽기는 했다. 책을 읽다 졸기도 하고. 정말 신기한 일이었다. 나른하고 지루한데도 하루가 금방 갔다.

그런데 오늘 아침, 뭔가가 잘못되어가고 있다는 생각이 드는 것이었다. 힘도 없고 어딘가가 안 좋은 것 같기도 하고…. 그러고 보니 닷새 동안 사람을 만난 기억이 없었다. 나도 나가지 않았지만 찾아오는 사람이 없었던 것이었다. 의미 있는 전화를 받은 기억도 나지 않았다. 출장차 외국에 나가 있는 남편에게서 문자를 받기는 했다. 기숙사에 있는 딸로부터는 카톡 한두 번쯤을 받았을 것이었다. 확실히 문제가 있었다.

생활을 돌이켜봤다. 어제도 별 볼일 없었고 그제도 별 볼일 없었고…. 하긴 내 생활이 별 볼일 없는 것은 새삼스러운 것이 아니었다. 눈 코 뜰 새 없이 바쁘던 젊은 시절도 나는 지금처럼 밥하고 청소하고 빨래하고 다림질하면서 하루를 보냈다. 중간 중간 책을 읽고 영화를 보기는 했다, 아이들 숙제도 봐줬고.

하는 일의 양이 많이 줄기는 했다. 특히 음식은 거의 만들지 않고 있었다. 식구들이 내 밥을 먹고 있지 않아서였다. 그렇다면 이즈음의 내 문제는 그러니까 내 하루가 더욱 별 볼일 없게 된 것은 식구들 때문? 그럴지도 몰랐다. 내 하루가 시시하고 무기력해진 것은 식구들이 식구食口로서의 역할을 제대로 하지 않아서였다.

그렇다고 나와 내 하루의 별 볼일을 위해 산업역군으로서의 임무에 충실하고 있는 남편을 집으로 끌어들일 수는 없는 일이었다. 미래의 의사로서, 씩씩한 군인으로서, 각자의 자리에서 무던한 노력을 하고 있는 딸과 아들을 불러들일 수도 없었다. 나는 침대에서 벌떡 일어났다. 골똘해지기 시작하면 한두 시간쯤은 한 자세로도 너끈히 흘려보낼 수 있는 나임을 알고 있기 때문이었다.

일단 나갈 일을 만들어야할 것 같았다. 책도 집에서 읽지 말고 도서관이나 카페에서 읽고 영화도 다운받아보지 말고 영화관에서 보고···. 이 시점에서 내가, 내 하루가, 조금이나마 별 볼일이 있어지려면 내 자신도 식구들처럼 식구의 반경을 넓히는 수밖에 없었다. 남편과 딸과 아들이 더 큰 의미의 식구들 그러니까 회사와 병원, 군대식구들과 함께하고 있는 것처럼 나도 내 삶에 지구촌 식구를 끌어들여 보자는 것이었다.

마침 오늘은 주연배우가 오스카 상 후보에 올랐다는 영화가 개봉하는 날이었다. 영화라도 보자 싶었다. 점심도 사먹을 참이었다, 그것도 영화관 바로 밑의 뷔페식당에서. 영화와 뷔페를 고른 것은 그곳만큼 식구들이 많은 곳도 드물다는 생각 때문이었다. 맛있는 음식을 먹어본지도 오래됐고. 맘에 걸리는 것은 혼자 뷔페식당에 가 본적이 없다는 점. 하지만 나는 이미 이불을 걷어 차고 있었다.

스마트폰으로 영화표 예매부터 했다. 스마트폰 영화예약은 처음이었다. 예매를 마치고 시계를 본 나는 경악했다. 영화예약에 40분이나 걸린 때문이었다. 청소와 아침을 간단히 끝내야 했다. 그러니까 청소는 침대를 정리하는 것으로 아침은 시리얼을 서서 먹는 것으로. 샤워는 성격적인 문제가 있어 평소대로 했지만 옷은 한 번의 선택으로 단번에 갈아입었다. 이제 백을 챙기고 머리만 말리면 되었다. 화장은 시간이 남는 만큼만 해야 했다.

성큼성큼 화장대로 걸어가 머리를 말리기 시작했다. 이마 주변을 빙 둘러, 정수리 주변에도, 흰머리가 촘촘했다. 손가락을 빗 삼아 앞머리는 내리고 오른쪽으로 가리마가 오도록 머리칼을 왼쪽으로 넘겼다. 이마 주변의 흰머리와 좀 더 머리가 센 왼쪽 옆통수를 머리카락으로 가리려는 내 딴의 술책이었다. 미용실의 헤어디자이너는 벌써부터 염색을 하라고 난리였다. 하지만 나는 머리를 검게 물들이고 싶지 않았다. 안 그래도 죄다 칙칙해지는 판에 다른 색도 아니고 검은 색으로라니…. 자연스럽게 늙고 싶었다. 아니, 늙는다는 것을 자연스럽게 받아들이고 싶었다.

시계를 보자 마음이 급해졌다. 눈썹만 그리고 식탁으로 가 의자에 놓아둔 백팩을 집어 들었다. 요란한 소리를 내며 물건들이 백팩에서 쏟아져 내리기 시작했다. 지갑과 파우치와 작은 수첩과 볼펜, 손거울과 구겨진 영수증과 껌, 비타민 통까지. 아무리 외출을 하지 않았다지만 정리정돈의 달인이라 자만하던 내가 백팩을 이렇게까지 엉망진창 방치하고 있었다는 것이 믿어지지 않았다. 나는 물건들을 다시 옮겨 담기 시작했다. 지갑과 파우치를 시작으로 수첩과 볼펜과 손거울을 서둘러 백팩에 집어넣었다. 비타민 통은 식탁 한쪽으로 밀치고 하나밖에 남아있지 않은 껌은 까서 입에 우겨넣었다. 구겨진 영수증은 더욱 구겨 껌 껍질과 함께 휴지통에 던졌다.

엘리베이터 벽에 내 모습이 비춰고 있었다. 나는 거울로 가까이 다가가 얼굴을 들여다보았다. 파운데이션은 물론 비비크림조차 바르지 않은 피부가 제법 맑아 보였다. 나는 턱을 앞으로 당겨 두 턱을 없앤 뒤 몸을 돌려 옆모습을 비춰보았다. 이런! 나는 황급히 허리를 펴며 가슴을 내밀었다, 아랫배에는 힘을 꽉 주고. 늘 신경을 쓴다고 하는데도 여차하면 자연스레 배불뚝이로 돌아가 있었다. 자연스레? 딩동 소리에 나는 흠칫 열리고 있는 문으로 시선을 옮겼다.

"인영아, 할머니 안녕하세요? 인사해야지."

유모차를 밀고 들어온 엄마가 외투자락에 매달린 아이에게 하는 말이었다. 아이가 새침한 표정으로 배꼽에 두 손을 모으고 예쁘게 허리를 숙였다.

"할머니 안녕하세요?"

"으응, 인영이 안녕. 유치원 가나보네."

나는 아이와 엄마가 1층에서 내릴 때까지, 엘리베이터 문이 완전히 닫히고 내가 아이와 엄마를 향해 흔들던 오른 손을 내릴 때까지, 왼손으로 가슴을 누르고 있어야 했다. 엘리베이터가 지하 1층에 닿아 자동차를 더듬어 갈 때는 발을 헛딛지 않도록 조심해야 했고. 사실 내가 할머니라 불려 이상할 건 없었다. 이미 나는 이모할머니라는 타이틀도 갖고 있었다. 하지만 조카손녀는 아직 6개월, 실제 상황에서 할머니라 불린 것은 난생 처음이었다. 그건 그렇고 도대체 차는 어디에 있는 거야?

영화관에 도착하자마자 시계를 보았다. 신호등에 걸릴 때마다 차 둔 곳도 기억 못하는 내 자신을 미워했는데 시간이 생각보다 많이 남았다. 갑자기 느긋해졌다. 화장실에 들러 이마에 들러붙은 머리칼을 떼어내고 입술도 발랐다. 당연히 볼 일도 보고 손도 깨끗이 씻었다.

어슬렁어슬렁 스낵바에 가 감자튀김과 커피를 주문해놓고 의자에 앉아 스마트 폰으로 예약해둔 영화표를 꺼내 펼쳤다. 그런데? 나는 내 눈을 의심했다. 내가 예약한 곳은 ㅊ점인데 그래서 당연히 ㅊ점에 와 있는 건데 펼쳐진 표에는 ㄷ점이라 쓰여 있는 것이었다. 정말 믿어지지 않는 일이었다. 어떤 녀석이 이런 짓을 벌인 것인지, 눈깔의 짓인지 손가락의 짓인지, 기가 막혔다. 재빨리 취소안내를 검색해 읽어보았다. 취소는 영화 시작 15분까지만 가능함. 시계를 보았다. 영화 시작까지는 9분이 남아있을 뿐이었다. 그렇다면 내 영화표는 이미 쓸모없는 것이 되어버렸다는 얘기였다. 억울하다기보다는 스스로에게 실망스러웠다.

감자튀김과 커피를 받아들고 티켓판매대로 갔다. 오스카상 때문인지 사람들이 붐비고 있었다. 직원들 머리 위로 내가 선택한 영화의 상영시간과 잔여좌석이 떴다. 30분 후 시작, 남은 좌석은 셋. 저거라도 봐야했다. 가슴이 떨리기 시작했다. 꼭 통과해야할 시험을 보고 있는 것도 같았다. 나는 번호표를 손에 쥔 채 초조히 내 순서를 기다렸다. 드디어 내 차례. 나는 밑져야 본전이라는 심정으로 스마트 폰 예약화면부터 직원에게 보였다.

"이 표, 취소하고 새로 예매해드리면 되지요?"

직원이 당연하다는 듯 미소로 자판을 두들겼다. 새록새록 참하고, 얼굴만큼이나 고운 마음씨를 가진 직원이었다.

"어떻게 할까요? 4시간 후에 시작하는 것으로 다시 예매해드릴까요?"

나는 대답을 할 수 없었다. 그 사이 잔여좌석이 사라진 것이었다. 나는 우물쭈물 망설이다 그대로 물러나고 말았다. 믈러나누가 물으면 막 바로 대답하지 못하는 내 입에 감자튀김을 하나 집어넣었다. 그나마 돈이라도 찾았으니 다행이라는 생각을 하며 커피를 홀짝 들이켰다.

집에 돌아와 소파에 누워 아침에 있었던 일들을 되짚어 보았다. 무슨 일이 일어나긴 한 것 같은데 무슨 일이 일어났던 건지 아득했다. 뭔가 아쉽고 뭔가 허무했다. 아니, 뭔가 외롭고 뭔가 슬펐다. 하루가, 내 마음이, 텅 비어버린 것만 같았다. 생각해보면 말도 안 되는 감상이었다. 나는 평소의 나로 돌아온 것일 뿐이기 때문이었다. 소파에서 일어나 냉장고로 갔다.

사과를 꺼내 물에 씻었다. 4등분으로 잘라 접시에 담고 소파에 들고 와 먹기 시작했다. 스걱 스걱 스걱. 텅 빈 집안에 내가 씹어대는 사과소리가 괴기하게 울렸다. 마지막 사과조각을 입에 넣고 읽다만 책을 집어 들었다. 글이 눈에 들어오지 않았다. 뷔페와 영화가 머릿속에서 뒤섞이는 바람에 어쩔 줄 몰라 하던 티켓 판매소 앞 내 모습만 자꾸 떠올랐다.

책을 놓아둔 채 벌떡 일어났다. 이왕 나갔으면 뭐라도 하고 들어와야 했다. 하다못해 밥이라도 사먹던가. 티셔츠라도 하나 사오던가. 다시 나가봐? 하지만 감자튀김과 커피와 사과 때문인지 배가 고프지 않았다. 어쩌면 나는 다시 영화관에 가 4시간 후의 영화를 봐야하는지도 몰랐다. 외투를 걸쳐 입었다. 구두를 신는데 세탁소에 가져갈 쇼핑백이 눈에 띄었다.

"어서 오세요."

남자 목소리였다. 오늘은 딸이 아닌 아버지가 가게를 보고 있는가 보았다. 나는 소리가 나는 쪽 그러니까 세탁물이 빼곡히 걸려있는 안쪽 공간을 향해 삐죽 고개를 디밀었다. 옷을 정리하고 있었는지 아저씨가 사다리를 내려오고 있었다. 나도 모르게 몸에 힘이 들어갔다. 아저씨의 체격에 비해 사다리가 너무 작아 보인 때문이었다. 키가 훤칠한 아저씨였다. 젊었을 때는 미남소리 꽤나 들었음직 싶게 이목구비가 서구적인 아저씨였다. 모자를 쓰고 있을 때는 내 나이 또래로도 보이지만 나보다 열 살은 많지 싶었다.

"전화번호 뒷자리가 어떻게 되시지요?"

나는 번호를 말하며 세탁물이 든 쇼핑백을 작업대 위에 올려놓았다. 와이셔츠가 세 벌, 양복하의가 한 벌, 스웨터가 하나. 아저씨가 작업대에 옷가지를 길에 늘어놓고 하나씩 옆으로 옮겨가며 노래하듯 숫자를 세고 있었다.

"날씨가 많이 춥지요. 모자라도 쓰시지 그러셨어요? 모자 하나로 얼마나 체온이 달라지는데요."

아저씨의 표정과 음성이 부드럽게 느껴졌다. 언젠가 산책길에서 아저씨를 마주쳤던 기억이 났다. 등산복 차림을 한 아저씨는 가게에서와는 또 다른 모습이었다. 순간 아저씨와 함께 등산을 다니면 어떨까 싶은 생각이 들었다. 산에 오르고 싶어도 같이 갈 사람이 없어 포기하곤 했기 때문이었다. 하지만 그건 말도 안 되는 생각이었다. 나는 곧 정신을 차리고 마이 웨이, 내 길을 갔다. 여자들의 별 뜻 없는 친절이 남자들로 하여금 착각과 오해를 하게하는 것을 알고 있기 때문이었다.

"다음부터는 잠깐 나오더라도 몸을 잘 감싸세요. 나이를 생각해야지요."

나이를 생각해서? 아저씨가 괜한 말을 덧붙이고 있었다. 나는 차로 와 추운 줄 몰랐다며 지갑에서 카드를 꺼내 아저씨에게 건넸다. 순간 내 손등이 눈에 들어왔다. 검버섯이 무수히 돋아있는 손등이었다.

"집안 내력이어서요."

나는 나도 모르게 손을 입으로 가져가다 재빨리 내렸다. 이러니 애들에게 잔소리를 듣는 거였다, 엄마는 쓸데없는 소리를 너무 많이 한다는. 인사를 하는 둥 마는 둥 돌아서는데 내 나이 또래의 아줌마가 문을 밀며 들어왔다.

차를 향해 가는데 뭔가가 미진하게 느껴졌다. 뒤통수를 울리던 아저씨의 하이 톤 어서오세요가 섭섭하게도 느껴졌다. 이런! 나는 차문을 소리 나게 닫았다. 그리곤 곧, 별 뜻 없는 아저씨의 친절을 차 밖에 남겨둔 채 아니, 나의 착각과 오해를 차밖에 버려둔 채 엑셀을 밟았다.

핸들 위의 두 손이, 두 손등이 눈에 들어왔다. 생각할수록 억울하고 분한 일이었다. 사람들은 검버섯으로 내 나이를 가늠할 텐데….

우윳빛 피부라는 말을 듣는 친정엄마도 팔과 손등에 믿기지 않을 만큼의 검버섯을 가지고 있었다. 6살 위의 언니는 양다리에, 심지어 햇빛을 받을 일이 없는 허벅지 안쪽에까지, 내 손등과 같은 비율로 검버섯을 가지고 있었다. 불쑥 피부과에서 검버섯을 떼어내는 시술을 한다는 말이 생각났다.

하지만 나는 자연주의자였다. 억지자세를 스스로에게 강요하고 있기는 하지만 그럼에도 불구하고 자연스럽게 늙어가기를 바라는 자연주의자. 그런 사람이 검버섯 시술을 할 수는 없는 일이었다.

어쩌면 검버섯 제거는 인공적인 미용시술이 아니라 치료에 속하는 건지도 몰랐다. 언젠가 바이러스성 피부염을 검버섯인줄 알고 방치했다 여기저기 온 피부에 퍼뜨렸다는 얘기를 들은 적이 있는 것 같아서였다. 나는 영화관으로 가 늦은 영화라도 보려던 맘을 바꿔 아파트 단지에서 가까운 병원 빌딩으로 차를 몰았다.

병원의 간호사는 친절했다. 그러고 보면 요즘 젊은이들은 모두 친절한지도 몰랐다. 나는 안내에 따라 대기하고 있는 사람들 틈에 끼어 앉았다. 다들 예뻐 보이는데 무엇을 어떻게 하려고 여기 앉아있는지 모를 일이었다. 내 이름이 불려졌다. 나는 저 여기 있어요, 하며 착실한 학생처럼 손까지 들며 일어섰다. 차트를 가슴에 앉은 간호사가 나를 인도해 복도 끝 방으로 데리고 갔다.

"손을 앞으로 내밀어 보세요."

나는 조심스레 의사의 앞쪽에 놓인 스탠드 밑으로 양손을 내밀었다. 의사는 내 오른쪽 손등을 쓸고 누르고 문질렀다. 손을 뒤집어 손바닥도 샅샅이 살폈다. 왼손도 똑같은 방식으로 반복했다. 그런데 이상했다. 손을 만지작거리는 의사의 손길이 그렇게나 따뜻하고 기분 좋게 느껴질 수 없는 것이었다.

"검버섯 맞네요. 손바닥에는 없는 것으로 보아 바이러스성 피부염은 아닌 것 같아요. 먼저 상담실장과 치료비견적을 받으세요. 그리고 다시 봅시다."

나는 네, 하는 대답과 함께 의사에게 살짝 웃어보였다. 의사는 웃지 않았다.

다시 차트를 가슴에 앉은 간호사를 따라 접수대 옆쪽 방으로 갔다. 내가 들어서자 인상 좋은 상담사가 자리에서 일어서며 의자를 권했다. 상담사는 아까의 의사처럼 손을 뻗게 해 내 손을 잡고는 손등을 문질러가며 검버섯의 수를 세기 시작했다. 말랑하고 부드러운 감촉으로, 역시나 오른손을 먼저 왼손을 나중에.

산정된 가격은 만만치 않았다. 떼어내야 할 검버섯이 너무도 많은 터였다. 그리고 내가 받아야할 것이 치료가 아닌, 미용시술인 터였다. 나는 망설였다. 자연주의자로서의 긍지도 긍지지만 방금 알게 된, 시술 후 지켜야할 주의사항과 이삼일에 한 번씩 병원을 방문해 해야 한다는, 소독의 번거로움 때문이었다. 하지만 또다시 물러설 수는 없었다.

간호사의 지시에 따라 오른손과 왼손을 공중에 편 채 비퍼와 애프터용 사진을 찍었다. 마취연고를 바른 뒤 침대에 누워 가슴에 양손을 올려놓은 자세로 의사를 기다렸다. 간호사가 내 눈을 뭔가로 가렸다. 드디어 문 열리는 소리가 들리고 의사가 내 손을 들어 올려 검버섯을 도려내기 시작했다. 신중하고 믿음직한 손길로, 역시나 오른손을 먼저.

아픈 것도 아닌데 자꾸 손이 움찔거려졌다. 마음과는 달리 내 손이 겁을 내고 있었다. 간호사가 시술받고 있지 않은 내 왼손을 잡았다. 다정하고 조심스러운 손길이었다. 점차 아픔과 겁이 사라져갔다. 아니, 세상이 없어지고 있었다. 내가 느끼고 있는 것은 낯선 듯하면서도 익숙하고 거북한 듯하면서도 편안한 손의 감촉뿐이었다. 한 쪽 손은 의사에게 맡기고 한 쪽 손은 간호사에게 잡힌 채 나는 내 자신을 밑에서부터 편안함과 충만함으로 차곡차곡 채우고 있었다.

문득 이 아득한 평안과 한없이 흐뭇한 기분의 정체가 무엇일까 궁금해졌다. 그것은 분명 내 일상 속에는 없는 것일 터였다. 스킨십입? 머릿속이 백팩 속의 물건들처럼 뒤죽박죽 엉키기 시작했다. 나도 모르게 손에 힘을 줬는지 간호사가 응답이라도 하듯 손을 힘주어 잡았다. 여전히 부드럽고 따뜻한 손이었다.

편집 후기

편집후기

연륜이라는 허울을 씌워 뒤란으로 밀어내는 시류를
그래도 호기있게 붙들 수 있었던 건 글밭 덕분이었다.
한가닥 자존감이었고 유일한 안식처였다.
문우들이 있어 행복했고 아직 건재함에 감사한다.

—사무국장 이병숙

얼마 전에 버킷리스트를 써 보았습니다. 그 중에 제 이름으로 된 저서도 한 권 포함 되어 있었습니다. 책을 낸다는 것은 또다른 나를 출산하는 것이라고 생각합니다. 이번 동인집에 참여 하면서 참 행복하다는 생각을 했습니다. 회원들의 작품을 읽고난 후 유난히 기억의 회로에 각인된 작품이 많았기 때문입니다. 글을 쓰고, 읽고, 퇴고하는 행위가 얼마나 가슴 뛰게 하는 일인지, '69인'이 하나 된 동인집을 엮으면서 다시금 생각해 보게 됩니다.

—회계 석성득

가슴이 시키는 일을 할 수 있다는 것은

스스로의 삶에 꽃을 피워내는 일.

시간의 틈에서 자라나 사유의 숲을 이룰 때,

따뜻한 시선들이 서로를 바라보게 합니다.

문우님들의 글 속에서 발견한 열정의 씨앗들

어떤 모습으로 피어나도 향기는 오래갑니다.

—수필분과장 노기화

12집, 뭔가 꽉찬 느낌입니다.

12시에 만난 세 개의 시계바늘처럼 12집을 만드는데 우린 하나가 되었습니다.

짧은 만남, 긴 여운으로 남습니다.

12집에 들어 있는 시가 수필이 소설이 동화 동시가 그렇습니다.

12집이라고 쓰고 21살 꽃띠 동서문학회라고 읽겠습니다.

— 소설분과장 정이수

유난히 빨리 꽃이 핀 해였다고 합니다.

유난히 빛깔이 고운 해였다고도 합니다.

익숙하게 보아 온 것들이 조금씩 다르게 보이는 것은

세상을 보는 눈들이 남다르기 때문일 것입니다.

문우들의 작품에서 좀더 곱게

좀더 선명하게 달라진 세상을 읽습니다.

– 시분과장 윤은진

한 며칠 덥더니만 저녁부터 비가 내린다.

5월의 비는 더구나 밤에 내리는 비는 참 편안하고 아늑하다.

그 뽀얗고 화사한 봄꽃들도 많이 졌다.

이 비 그치면 싱그런 푸른 잎들이 쑥쑥 자랄 것이다.

사랑의 단비 촉촉한 마음을 담아 서로 합평한 원고가

이제 화사한 얼굴로 곧 세상에 나올 것이다.

마음이 설렌다.

두근두근 활자들의 심장소리도 들리는 듯하다.

–아동문학분과장 조계향

동서문학-나무로 만든 음악

초판 발행일 | 2016년 6월 2일

지은이 | 강미애 外
펴낸이 | 김미희
펴낸곳 | 몽트

출판등록 2012. 12. 20 제 2014-000038호

주소 | 경기도 안산시 단원구 선부광장북로 36
전화 | 031-501-2322 팩스 | 031-501-2321
이메일 | memento33@hanmail.net

값13,000원
ISBN 978-89-6989-0207-03810